Gisela Karau
Grenzerprotokolle

W0417836

Gisela Karau

Grenzerprotokolle

Gespräche mit ehemaligen DDR-Offizieren

dipa-Verlag Frankfurt am Main

Die Deutsche Bibliothek - CIP-Einheitsaufnahme

Karau, Gisela:
Grenzerprotokolle : Gespräche mit ehemaligen DDR-Offizieren / Gisela Karau. - Frankfurt am Main : dipa-Verl., 1992
ISBN 3-7638-0172-3

1. Auflage 1992
© dipa-Verlag GmbH, Nassauer Str. 1-3, 6000 Frankfurt am Main 50
Alle Rechte vorbehalten
Lektorat: Uwe Arndt
Druck: F.M.-Druck, Karben
Printed in Germany

ISBN 3-7638-0172-3

Abbildungsnachweis:
dpa: Titel, 28, 29
Privatbesitz: 40, 107, 115, Rückseite

Inhaltsverzeichnis

Editorische Vorbemerkung

Soldaten sind immer gesichtslos. Dies gilt für die Angehörigen der ehemaligen Grenztruppen der DDR vielleicht in ganz besonderem Maße. Wie wohl kaum eine andere Personengruppe repräsentierte sie für viele das politische System der DDR.
Für Tausende von Besuchern und Transitreisenden vor allem aus den alten Bundesländern konzentrierten sich gegenüber den Uniformierten an der ehemaligen Staatsgrenze zur DDR die Emotionen: Haß und Angst, Ressentiments und Befangenheit.
Nach dem Fall der Mauer wurde dieses Bild „gesichtsloser Befehlsempfänger" durch die von der Öffentlichkeit spektakulär aufgenommenen „Todesschützenprozesse" eher noch verstärkt.
In diesem Buch kommen „Grenzer" selbst zu Wort. Wir wollen durch die Präsentation ihrer eigenen – subjektiven – Motive keine Aussagen über ihre objektive Funktion treffen. Militärische Disziplin und Gehorsam stehen – wie überall auf der Welt – über allen subjektiven Befindlichkeiten.
Mit den vorliegenden „Psychogrammen" wollen wir einen Beitrag zur Aufarbeitung der deutschen Nachkriegsgeschichte liefern. Wir wollen zeigen, warum die „Grenzer" diesen Beruf ergriffen und wie sie ihn ausgeübt haben, warum sie zu diesem Beruf gestanden haben und zum Teil heute noch stehen.
Auch die Gesellschaft der ehemaligen DDR hat auf einem gesellschaftlichen Konsens basiert und Menschen herangebildet, die zu „ihrem" Staat gestanden haben. Wie diese Haltung bei führenden Angehörigen der Grenztruppen zum Ausdruck gekommen ist, das zeigen die vorliegenden Protokolle mit ihrem Einblick in Arbeitsalltag, Denkweise und Berufsethos.

Frankfurt am Main, im Februar 1992

dipa-Verlag

Gisela Karau

Einleitung

Den Männern und Frauen, die in diesem Buch ihre Gedanken über Gewesenes zu Protokoll geben, geht es nicht um Rechtfertigung. Es geht um Zeugnisse, Zeitzeugnisse, Selbstzeugnisse besiegter Soldaten. Ohne einen Schuß sind sie besiegt worden. Einst glaubten sie, auf der Seite der Sieger der Geschichte zu sein. Es wurde ihnen gesagt, sie sagten es weiter. Sie waren nicht Schütze Arsch im letzten Glied. Sie hatten etwas zu melden. Keiner hat so stolz wie die Grenzoffiziere die Uniform getragen. Grenzen sind Hoheitslinien der Welt. Jeder Staat hat Grenzen, und jeder Staat läßt sie bewachen, von Männern mit Gewehren und Befehlen. Für manche ist es ein Job wie jeder andere. Für Grenzoffiziere der DDR war es mehr als das. Nun haben sie weniger als einen Job, die meisten von ihnen. Sie sind arbeitslos, Vorruheständler, Pensionäre, Versicherungsvertreter. Ihre Uniformen stecken in Lumpensäcken. Entehrte Männer. Einen weiß ich, der fährt noch immer Morgen für Morgen zu seiner ehemaligen Dienststelle nach Berlin-Karlshorst. Allein läuft er die Straße entlang, auf der es früher von Uniformierten wimmelte. Mit ausgreifenden Schritten, als hätte er ein Ziel vor Augen, marschiert er zum Tor des früheren Grenzkommandos.

Kein Posten steht mehr dort. Auf dem Parkplatz elegante Autos, Mercedes, Ford, Opel, nicht mehr die Trabanten, Wartburgs und Ladas, in denen die Stabsoffiziere zu fahren pflegten, sofern sie nicht öffentliche Verkehrsmittel oder das Fahrrad nahmen. Die Herren, die neuerdings den kasernenartigen Gebäudekomplex bevölkern, sind Versichungsmanager, Vermögensberater, Geschäftsleute verschiedener Branchen. Hier wird für die Marktwirtschaft geschult und gelernt.

Der Oberstleutnant a.D., die Aktentasche in der Hand wie ein Berufstätiger, geht am Tor vorbei. Er hat kein Ziel mehr. Er ist out, in den Vorruhestand entlassen wie viele seiner einstigen Genossen. Es gibt keinen Platz für sie in der unglaublich gewandelten Welt. Die Grenze ist verschwunden, der Staat ist verschwunden. Irgendwohin muß man ja fahren, sagt der Mann zu seiner Frau, die ihn nur noch manchmal fragt. Sie weiß, daß er unter Zwang handelt, unter einem inneren Zwang. Wenn er nicht mehr den Wecker stellte, nicht mehr früh aufstünde, sondern liegenbliebe, es wäre noch schlimmer. Er kann sich nicht damit abfinden, nicht mehr gebraucht zu werden. Sein ganzes Männerleben lang wurde er gebraucht. Für die Grenze. Es war eine Aufgabe von hohem Sinn für ihn. Er bezog sein Selbstbewußtsein daraus, unentbehrlich zu sein. Die Uniform, für die meisten, die über die Grenze kamen, ein beklemmender, furchterregender, ja hassenswerter Anblick, ihm war sie förmlich an den Leib gewachsen. Er trägt noch immer Hosen in der vertrauten braun-grünen Farbe, und auch die ausgetretenen Schuhe, schwarze Schnürschuhe, sind noch die alten. Sie haben sich seinen Füßen angepaßt, und sie halten ewig. Auf dem Heimweg blickt er ungeduldig zur Uhr. Die Straßenbahn hat Verspätung. Das ärgert ihn. Dabei hat er Zeit, soviel Zeit wie nie zuvor in seinem Leben. Mit dem Gefühl eines Ausgestoßenen blickt er auf die Autoschlange, die es ihm unmöglich macht, die Straße zu überqueren. Alle Leute scheinen zu tun zu haben, nur er hat nichts zu tun. Er ist im Vor-Ruhestand. Ein neues Wort, wie Abwicklung und Warteschleife. Es ist erst halb acht, als er wieder zu Hause ankommt. Der Tag beginnt erst, einer der vielen langen, leeren Tage, die nun sein Leben sind.

Ist es Mitleid, was mich beim Schreiben bewegt? Für Männer ist es noch schwerer als für Frauen, sich eingestehen zu müssen, daß sie Verlierer sind. Darum war es schwer, sie zum Reden zu bringen. Die einen wollten nicht, weil sie müde sind. Andere hatten Angst vor Nackenschlägen, sie, die das Wort Angst aus ihrem Sprachschatz verbannt hatten. Einige wurden sogar böse, giftig. Mit euch Kommunistenschweinen will ich nichts zu tun haben! Das sagte einer, der am ersten geöffneten Grenzübergang in Berlin gestanden und vernünftig gehandelt hatte. Ihm war zu danken, daß der unvorhergesehene Ansturm nicht zum blutigen Chaos führte. Er wollte daran nicht mehr erinnert werden, und er beschimpfte andere, die ihn daran erinnern wollten.

Ein ehemaliger General der Abwehr muß so erschrocken gewesen sein über das Ansinnen, ein Tonbandinterview zu geben, daß er einen tagelangen Telefonterror organisierte. Verschiedene Personen riefen bei uns zu Hause an, anonym natürlich. Sie schwiegen oder stießen Drohungen aus. Besonders hartnäckig war eine Frau mit sächsischem Akzent. Das BND wollte nur mal Ihre Stimme hören, sagte sie auf die Frage, was der Unsinn solle. Das BND. Sie wußte nicht einmal, daß es *der* Bundesnachrichtendienst heißt.

So entstand dieses Zeitzeugnis unter Schwierigkeiten, die ich nicht vorausgesehen hatte. Es entstand in der Zeit der Berliner Grenzerprozesse. Einige der Befragten in diesem Buch waren zum Untersuchungsrichter und vor Gericht geladen worden, als Zeugen, als ehemalige Vorgesetzte, als Verantwortliche. Das hatte sie erschreckt. Sie rangen sich dennoch durch, die Wahrheit zu Protokoll zu geben, die Wahrheit über sich selbst, über das, was sie geglaubt, gewußt und vertreten haben.

So leisteten sie einen Beitrag zur Geschichtsaufarbeitung, unter Seelenqualen, Gewissensnöten, Existenzsorgen.
Hut ab vor ihren Frauen. Offiziersfrauen sind von besonderem Schlag. Sie mußten viel ertragen, Einsamkeit, häufigen Wohnungswechsel, Berufswechsel, haben Kinder allein großgezogen, Wünsche und Sehnsüchte zurückgestellt. Ich danke ihnen dafür, daß sie ihre Männer ermutigt haben, sich zu äußern. Du hast nichts verbrochen! Sag, wie es gewesen ist. Sie wollen die Achtung nicht verlieren vor ihren Lebensgefährten, und die sollen die Selbstachtung nicht verlieren. Für manche war die Uniform ein äußeres Gerüst, das sie in Form hielt. Mit dem Wegfall dieses Gerüstes stellte sich heraus, was in ihnen steckte. Wir kommen nicht drumherum, uns unserer Vergangenheit zu stellen. Sonst stellt sie uns, und dabei wird vieles auf den Kopf gestellt.
Der Mann mit der Aktentasche steht für viele, deren Leben seinen Sinn verloren hat. Ich wünschte, daß nicht triumphiert würde über sie. Der deutsche Dichter Bertolt Brecht hat in seiner Kriegsfibel für die elend besiegten Stalingradkrieger gebeten: Wärmt sie, es ist ihnen kalt. Und die waren immerhin in ein fremdes Land eingefallen. Die Grenzer der DDR haben ihr Territorium nie überschritten. Für sie war, was heute als Unrecht gilt, geltendes Recht. Anders als ehemals führende Politiker des untergegangenen deutschen Staates versuchen sie nicht, sich als Opfer und unschuldig Mißbrauchte darzustellen. Ihre Biografien erhellen, daß es Menschen aus einfachen Verhältnissen waren, denen das neue Deutschland zwischen Elbe und Oder die Chance bot, etwas aus sich zu machen, damit sie etwas aus diesem Land machten, es bewachten, ihm überleben halfen. Der Versuch ist gescheitert, die Wächter sind gescheitert. Es lohnt, über sie nachzudenken.

Hans-Jürgen D., Jahrgang 1950

bis 1989 Oberstleutnant der Grenztruppen der DDR

Nein, ein Kindheitswunsch war es nicht. Ich wollte eigentlich nie Offizier werden, ich hatte auch mit dem Militär nie irgendwelche Beziehungen gehabt, außer daß ich als Kind viele russische Soldaten kennenlernte. Mein Vater war nach seiner Rückkehr aus sowjetischer Kriegsgefangenschaft persönlicher Berater des sowjetischen Stadtkommandanten in Kölleda, meiner Thüringer Heimatstadt. Zum Beispiel bin ich mit diesem Stadtkommandanten gefahren zu irgend 'ner Panzerkontrolle, und ich wurde eben Ehrengast jedes Panzers und ich wurde von den Soldaten gefeiert, ich war als kleiner Junge so begeistert, durfte eben reinklettern, das waren für mich Erlebnisse meines Lebens.

Was mein Vater eigentlich alles gemacht hat, weiß ich gar nicht. Ich weiß nur, er war Kommunist und als Bergarbeiter dann in den fünfziger Jahren bei der Wismut. Da haben sie ihn ins Kinderferienlager Bad Berka geschickt, als Koch. Vorher hatte er nie gekocht, nur im Kriegsgefangenenlager bei Stalingrad. Er war als Flieger in Gefangenschaft geraten. Er ist tot, ich kann ihn nicht mehr fragen, was an der Legende stimmt, daß er mit einem anderen KPD-Mann zusammen in den Stalingrader Kessel geflogen ist, um überzulaufen. In der KPD war er, und zu den Fliegern in Kölleda hat er sich gemeldet, weil er in seinem Heimatort in der Lausitz mit noch einem Kumpel beim Reichsarbeitsdienst die Arbeitsgeräte verbuddelt hatte. Also Sabotage. Dafür hätte es ihm an den Kragen gehn können. Für mich als Kind war mein Vater eine faszinierende Gestalt. Er hat nie viel von sich erzählt, leider. Er hat in seinem Leben so vieles gemacht, was er eigentlich gar nicht konnte. So wie eben Kochen. Er hat dann in Kölleda im Parteiauftrag das erste sozialistische Kulturhaus Thüringens übernommen. So ist er in die Gastronomie gekommen, und ich hatte als Kind die Vorstellung, daß das auch einmal mein Beruf werden könnte, Kellner oder Gaststättenleiter.

Aber mir hatten sich in meiner Kindheit Erlebnisse des 13. August 1961 tiefer eingeprägt als ich damals ahnte. Als Elfjähriger hatte ich meine Schwester in Berlin besucht. Sie wohnte in der Prenzlauer Allee, aber sie arbeitete in Westberlin, als Kellnerin. Sie und ihr Mann waren Grenzgänger. In der Nacht vom 12. zum 13. August kehrten wir kurz vor 24 Uhr

durchs Brandenburger Tor aus Westberlin zurück, ich saß auf dem Moped meines Schwagers, der erstaunt war, daß es überhaupt keine Kontrollen gab. Hier könnte man mit dem Möbelwagen durch, sagte er. Die beiden haben lange mit dem Gedanken gespielt, ganz nach Westberlin zu ziehen, denn sie verdienten dort gut. Aber es war auch günstig für sie, daß sie den Wechselkurs ausnutzen konnten. 70 Mark West am Tag, mal vier in Ost, davon lebten sie nicht schlecht. Und sie hatten außerdem ein Konto in Westberlin. Am nächsten Morgen gegen 6 Uhr 30 klingelte ihr Freund Atze Sturm und sagte, die Grenze ist zu. Sie waren schockiert. Wie sollten sie nun an ihr Geld rankommen? Um uns zu überzeugen, ob das wirklich stimmt, gingen wir zur Bornholmer Straße. Da waren schon eine Menge aufgeregte Leute, die mit Birkenästen auf die Polizisten losgingen. Warum gerade Birken, weiß ich nicht. Wahrscheinlich wuchsen die da. Für mich war das alles bloß spannend. Es berührte mich wenig, daß für die Grenzgänger Schluß war mit dem Betrug an meinem Staat, denn ich war Pionier und hatte schon begriffen, wie der Wechselschwindel der DDR schadete. Zu Hause wurde dann beraten, daß ich mich als Westberliner Junge ausgeben sollte, der zu Besuch im Osten war und nun über die Grenze zurück wollte. Ich sollte mich bei einer Kontaktperson melden, die Mitinhaberin dieses Kontos war und mit mir das Geld abheben sollte. Zu meinem Glück wurde mir die Entscheidung abgenommen, denn mein Vater, der seine Tochter kannte, holt mich zurück nach Hause.
Ich bin dann weiter zur Schule gegangen, viel wechselnd, denn meine Eltern mußten dauernd andere Gaststätten und Heime übernehmen, weil sie es verstanden, die Betriebe aus den roten Zahlen rauszubringen. Ich erlebte mit, was das für eine schwere Arbeit war, oft genug mußte ich helfen, Kartoffeln schälen, servieren, Toiletten saubermachen, Garderobe abnehmen und ausgeben. Für meine Eltern war es klar, daß ich in ihre Fußtapfen treten werde, aber ich bewarb mich heimlich in Rostock als Hafenfacharbeiterlehrling. Während meiner Ausbildung lernte ich Männer kennen, die mich durch ihre politische Haltung und Geradlinigkeit beeindruckten. Mit 18 wurde ich Mitglied der SED. Mein Vater hatte darauf überhaupt keinen Einfluß genommen gehabt. So war der eben. Für mich immer irgendwie widersprüchlich. Auch später, als ich ihm sagte, Vater, ich werde Offizier der Grenztruppen, da hat er gesagt, hast du dir das auch gut überlegt? Ich war ehrlich gesagt ein bißchen enttäuscht, ich hatte angenommen, er würde mich zu meinem Entschluß beglückwünschen. Aber er hatte eigentlich was gegen Uniformen. In der Lehrzeit in Rostock bekam ich meinen Musterungsbescheid und mußte zur Meldestelle in Gehlsdorf. Nachdem man mich als Unteroffizier auf Zeit beziehungsweise als Berufsunteroffizier werben

wollte, stellte ich die Frage, ob ich denn nicht Offizier der Grenztruppen werden könnte. Meine Frage wurde skeptisch aufgenommen. Mir kam es so vor, als ob sie mich nicht haben wollten, weil sie wahrscheinlich wußten, daß meine Schwester 1963 nach versuchter Republikflucht über Hausdächer in der Bornholmer Straße im Gefängnis gelandet war. Nach drei Unterredungen wurde mir dann aber doch mitgeteilt, daß ich zum Aufnahmeverfahren an der Offiziersschule in Plauen zugelassen bin. Am 1. September 1969 begann dort mein Studium. 1972 bestand ich die Prüfung als Hochschul-Ingenieurökonom mit dem Dienstgrad Leutnant der Grenztruppen der DDR.
Inzwischen hatte ich geheiratet, und ich war auf Urlaub in Rostock gewesen und wurde plötzlich krank, also am Tag der Rückreise. Früh merkte ich, daß ich starkes Fieber hatte, Schwitzzustände, meine Frau rief einen Arzt, und zwar den Vertragsarzt im Wehrbezirkskommando, und der beorderte mich sofort dorthin, und zwar im Taxi, das ich noch bezahlen durfte. Als ich ankam, war der Arzt nicht mehr da, und so wurde ich zum Artillerieregiment 18, gleich nebenan, verwiesen, und dort wurde ich wirklich von sehr guten Ärzten behandelt, von oben bis unten untersucht, und ich stellte dann der Schwester die Frage, ob sie meine Dienststelle auch benachrichtigt hätten. Sie sagte, natürlich, es ist alles in Ordnung, und darauf verließ ich mich auch. Damals war ja jeder Armeeangehörige verpflichtet, auch wenn er schon fast den Kopf unterm Arm hatte, seine Dienststelle zu benachrichtigen, daß er krank ist und nicht zur rechten Zeit erscheinen kann. Na gut, ich wußte ja nicht, was da inzwischen alles ablief. Ich wurde ins Krankenhaus eingeliefert und war natürlich ganz sicher, daß nichts weiter geschehen wird. Aber das Telegramm ging nicht an die Schule in Plauen, sondern nach Kamenz, und in Kamenz waren die Luftstreitkräfte. Da hat man das nicht so für voll genommen, sondern hat diese Mitteilung in den Papierkorb geschmissen. Aber gottseidank läuft ja beim Absender immer ein Double mit, und das war natürlich im Artillerieregiment in Rostock vorhanden gewesen. So, und ich wußte ja von diesen Vorgängen überhaupt nichts. Ich war Offiziersschüler des dritten Lehrjahres und hatte natürlich auch Kenntnis von der damals neu in den Bestand aufgenommenen SM 70, das waren diese sogenannten Selbstschußanlagen, und da gab es dann gute Freunde aus meinem Zimmer, besonders einen, der schon immer wußte, daß ich abhaun will, der hat mich dann verraten. Ich habe dem das nie verziehn, weil ich nie von diesem Land abhaun wollte, aber er wußte es eben. Und solche Verdächtigung ging natürlich zu dieser Zeit in der Schule rum, und es wurde jeder befragt, was weißt du von diesem Genossen, was hat er gemacht, ist er fremdgegangen, hat er irgendwo was gesagt, im Gespräch. Das war

schrecklich für mich im Nachhinein. Nach mir wurde gefahndet wie nach einem Verbrecher.
Für mich war Ehrlichkeit immer das Wichtigste im Leben, auch später als Offizier, weil man das zum Berufssoldaten braucht. Als ich wieder da war, waren viele fassungslos, weil ich ja irgendwie verschollen war, und ich fand das sehr schön, wie man sich abstrampelte und sich entschuldigte, weil ich doch kein Verräter war, und es war eigentlich für mich ein Ereignis, das mich festigte in meiner Überzeugung, daß ich gerade an diesem Platz richtig bin. Und daran habe ich festgehalten bis zum 9. November 1989. Wir haben eine Aufgabe erfüllt, und die Aufgabe war die Sicherung einer Staatsgrenze eines Landes, und wir waren geprägt von diesem Land, wir haben dort unsere Ideale gesucht und gefunden. Unser Vorbild waren die sowjetischen Grenztruppen. Ich war als Junge begeistert von dem sowjetischen Film „Schüsse an der Grenze", da hab ich immer wieder drüber nachgedacht, mich hat sowas fasziniert. Es hat für mein Leben eine Bedeutung gehabt. Für mich ist Leben Nachdenken, nicht nur über Vergangenes, aber auch, das ist unwahrscheinlich wichtig, aber Leben bedeutet für mich mehr, nämlich zu begreifen, wie konnte alles geschehn? Haben wir Fehler gemacht? Natürlich haben wir die gemacht. Konnten wir eine Mauer bauen und behaupten, die wird noch hundert Jahre stehn? Nein. Aber die, die diese Mauer geschützt haben, haben sie bewußt geschützt. Die Leute, die am 9. November am Brandenburger Tor oben standen auf dieser Mauer, ich habe selber da oben gestanden, 30 Stunden lang, die heute beschuldigt werden, das sind nicht die Mörder von gestern, das waren die Verteidiger ihres Staates. Die haben nach Gesetz gehandelt, und das muß man verstehen. Das waren junge Menschen, die mit 1961 überhaupt nichts zu tun hatten, sie hatten nichts damit zu tun, und es war für mich erstaunlich, wie diese jungen Menschen sich verhalten haben, welche Motive sie hatten. Als ich die Bilder von Ungarn sah, wie sie über die Grenze gingen, das waren auch junge Menschen. Für mich war das ein Ausdruck von Ausweglosigkeit. Ich habe nur mit jungen Menschen zusammengearbeitet, und das war natürlich erschreckend für mich, als ich erkannte, daß wir mit unserer Erziehung wenig erreicht haben. Wir hatten nichts vollbracht, und das hat mich natürlich sehr erschreckt. Nicht über diese Menschen, sondern über das, was wir vollbracht haben, als Staat, mit all unserem Wissen, unserer Ideologie, die nicht gefruchtet hat. Da war ich traurig, das erste Mal in meinem Leben. Ich habe nie sowas gekannt, das mich hätte vom Stuhl reißen können, aber das hat mich vom Stuhl gerissen, weil ich merkte, hier reißt etwas auf, das man nie wieder flicken kann. Und es wird nicht nur die DDR betreffen. Das hatte mir Ungarn gezeigt.

Aber meine Laufbahn als Grenzoffizier begann in der Grenzbrigade Küste. Das war meine schönste Zeit, nicht nur, weil ich am FKK-Strand nackte Frauen gesehen habe. Nach den Kämpfen an der Offiziershochschule, nachdem ja gegen mich die Großfahndung gelaufen war, durfte ich diesen Dienst doch ausüben, als junger Leutnant. Die Seegrenze der DDR hatte für mich etwas Prickelndes. Urlauber, die am Strand lagern, Burgen bauen, und dazwischen wir, mit Uniform und Maschinenpistole. In Graal-Müritz, einem der schönsten Seebäder, habe ich als Offizier viel erlebt. Es gab natürlich auch Ablandungen und Abholmanöver, besonders gerne zu Feiertagen. Da wurden Leute dann richtig geschleust. Aber manchmal konnten wir das auch verhindern. Ich kriegte vom Bataillon die Information, daß eine Eilfahndung kommt, habe sie gleich an meine Posten weitergeleitet. Bleibt alle auf Empfang. Verhaftung zweier Jugendlicher wegen versuchter Republikflucht, Personenbeschreibung, besonders markant: einer hat eine Badehose mit Tigerfellmuster. Einer meiner Posten meldete sich nicht, ich war sehr erschüttert, den werde ich zusammenscheißen, wenn er sich wieder meldet. Er meldete sich wieder und sagte: Verhaftung durchgeführt. Sag ich, welche Verhaftung? Na den mit dem Tigerfell. Also er hatte ihn festgenommen, schon vor meinem Befehl. Das waren damals Erfolge. Der Posten kriegte Auszeichnung, ich auch, das Leistungsabzeichen der Grenztruppen, den sogenannten Grenzerpfahl, vom Chef der Grenzbrigade Küste.
In Graal-Müritz erfuhr ich auch von einem Sabotageakt. Ich konnte in Fahndungsakten nachgucken, wo ich Aufschluß finden konnte über ein Ehepaar, das geschleust werden sollte. Am Wurzelweg. Der liegt zwischen Graal-Müritz und Ribnitz-Damgarten. Dort fanden zu Pfingsten und zu Weihnachten Ablandungen statt. Leute, die die DDR verlassen wollten, wurden dort hinbestellt und mit Booten in Richtung Bundesrepublik transportiert. Das bewegte bei uns in der Kompanie viele Leute, und man wurde zu jedem Feiertag zum Großeinsatz befohlen.
Als ich Nachtdienst hatte, kam plötzlich eine Nachricht, daß meine Posten zwei Rostocker Bürger festgenommen hatten, nämlich eine Diplom-Biologin und einen Diplom-Chemiker. Ich ließ mein Alarmfahrzeug klarmachen und fuhr dann natürlich in den Grenzabschnitt raus. Nachdem klar war, daß die Beiden die Ablandung nach dem Westen geplant hatten, mußten wir feststellen, wo ihr Beförderungsmittel stand. Die Frau machte sich lustig über unsere Blödheit, das würden wir nie rauskriegen, wie sie ihr Boot versteckt hätten. Ich dachte, ich höre nicht richtig. Meine Posten zu doof, das Boot zu finden? Ich nahm meine Taschenlampe und forderte die Frau auf, vor mir herzugehn in

Richtung Wurzelweg. Wer Graal-Müritz kennt, weiß, daß es im Hinterland von Moor umgeben ist. Als die Frau merkte, daß sie, wenn sie nicht auf mich hört und nicht im Lichtschein meiner Lampe bleibt, im Moor versinken kann, haben wir sehr schnell ihr Boot gefunden. Das hatten sie wochenlang von Rostock Stück für Stück in einem Linienbus bis zu einer bestimmten Haltestelle gebracht, es handelte sich um ein Faltboot. Als ich ihr dann beibrachte, daß diese Grenzer doch nicht so blöd sind wie sie dachte, gingen wir zurück, und sie wechselte mit ihrem Mann einen Blick. Als er begriff, daß alles aus ist, ließ er etwas fallen. Ich ließ meinen Unteroffizier vom Dienst überprüfen, worum es sich handelt. Es waren Mikrofilme. Für uns war klar, daß es nicht um irgendetwas ging, sondern um Forschungsergebnisse. Wir rechneten damit, daß es sich bei den Beiden um Geheimnisträger handelte und eskortierten sie bis zur Dienststelle. Die Frau durfte mitfahren, der Mann mußte laufen, sie empörte sich darüber, und ich sagte, Sie können natürlich auch laufen, und Ihr Mann fährt mit. Wir hatten ja zu verhindern, daß die Beiden sich noch verständigen konnten. Solche Zwischenfälle gab es nicht nur einmal. Wir haben sie souverän, im Interesse unseres Staates, zu bewältigen versucht und auch bewältigt.
Vom Kommando der Volksmarine wurde ich versetzt zum Grenzkommando Mitte, Berlin-Karlshorst. Der Grund war, daß ich eine Berlinerin geheiratet hatte. Als Planungsoffizier hatte ich dort die Aufgabe, die Organisation des Grenzdienstes, der Grenzregimenter und der Grenzausbildungsregimenter zu planen. Es gehörte dazu eine Wochenplanung, eine Monatsplanung, eine Quartals-, eine Halbsjahres- und eine Jahresplanung. Wir haben vorgegeben als Verband, wie zu handeln ist. In den Regimentern haben wir natürlich Kontrollen durchgeführt. Da haben wir dann auch einzelne Posten des Grenzdienstes aufgesucht, zum Beispiel in den unterirdischen Anlagen unserer S- und U-Bahntunnel, die gesperrt waren. Dort durften die Züge von und nach Westberlin nur durchfahren, ohne Halt. Die Grenzer hatten die Sicherheit zu gewährleisten, und zwar dahingehend, daß bei einem technischen Halt niemand aus- oder einsteigt. Es hat solche Beispiele gegeben. Die Soldaten hielten sich in ehemaligen Stellwerken auf, und es gab dort Sperrschlösser, die nur der Postenführer öffnen konnte.
Wir konnten eigentlich immer davon ausgehen, daß die Moral unserer Grenztruppen sich unterschied von der anderer Soldaten der Nationalen Volksarmee, wir hatten gut ausgebildete Leute, schon von ihrer schulischen Bildung her, natürlich wurden Grenzsoldaten ausgesucht, es kam nicht jeder an die Grenze. Manche – ich sage nur Weinhold – versuchten natürlich ganz gezielt, zu den Grenztruppen zu kommen, um dann ihre Fahnenflucht zielstrebig vorzubereiten. Aber im Prinzip

kann man sagen, daß die Grenzsoldaten zu ihrem Staat standen, bereit waren, ihn zu verteidigen. Auch Gammelei gab's, aber es war nicht die Regel, das waren absolute Ausnahmen, wie man sie in jeder Armee hat.
Dann kamen die Tage im Herbst 89. Am 7. Oktober war ich als Offizier verantwortlich für die Sicherung der Staatsgrenze im Berliner Raum. Durch meinen Kommandeur war ich eingesetzt, um die Grenzübergänge während der Truppenparade vor möglichen Vorkommnissen zu sichern. Dort gab es Panzer, die wir zielstrebig eingesetzt haben mit der Aufgabe, eventuelle Durchbruchsversuche zu verhindern. Wenn irgendeiner von dieser Paradekolonne ausgebrochen wäre, hätten Bergungspanzer ihn zum Stoppen gebracht. Ich habe diese Bergungspanzer geführt, vom Haus des Lehrers aus hatte ich den Überblick und den Funkkontakt zu den Panzerfahrern. Ich war als Offizier im Grenzkommando Mitte aufgenommen worden als einer, von dem man der Meinung war, der beherrscht alles, der wird das schon machen. Die Ausbildung in der Grenzbrigade Küste war straffer organisiert als im Grenzkommando Mitte, und ich hatte schon einige Schwierigkeiten, mich einzuleben, abgesehen von der anderen Uniform. Aber ich hab auch die grüne Mütze mit Stolz getragen, und ich habe in öffentlichen Verkehrsmitteln, zum Beispiel, wenn ich mit dem Bus zur Dienststelle gefahren bin, bis auf eine Ausnahme nie erlebt, daß einer von mir etwas wollte, bis zum Schluß nicht. Einmal hat mich ein junger Mann vollgenölt, aber gerade in den Tagen nach dem 7. Oktober habe ich empfunden, daß man die Grenzeruniform respektiert hat, und nach der Öffnung der Mauer gab's ja dafür überhaupt keinen Anlaß mehr.
Am 9. November hatte ich zum ersten Mal seit Wochen von meinem Chef die Erlaubnis, mich von zu Hause zu entfernen, also telefonisch vorübergehend nicht erreichbar zu sein und mal abends ins Theater zu fahren. Wir hatten im Berliner Raum unsere Offiziersschüler-Kompanien abgezogen, es waren mehrere Hundertschaften am Brandenburger Tor stationiert gewesen. Mein Chef sagte, die sind weg, also kannste auch ins Theater gehn. Sie waren abgezogen worden, weil die Situation sich stabilisiert zu haben schien und man die Kräfte nicht unnötig belasten wollte. Diese Jungs hatten auf LKWs wirklich Tage und Nächte zugebracht, sie hatten keine Unterkunft, keine Toiletten und sowas. Aus der heutigen Situation scheint das widersinnig, daß sie ausgerechnet zu diesem Zeitpunkt abgezogen wurden, aber damals war es an der Staatsgrenze ruhig geworden, und es gab eigentlich keinen Anlaß, keine Anzeichen dafür, daß irgendwas passieren könnte. Dann habe ich den Abend mit meiner Frau in der Komischen Oper verbracht und mich gewundert, daß die Oper halbleer war, obwohl sie sonst immer

ausverkauft war bis auf den letzten Platz. Ich hatte vorher im Fernsehen Nachrichten gehört, und ich hatte diesen Schabowski gesehen, der auf einer Pressekonferenz einen Zettel hervorzog und irgendwas mitteilte, daß die Ausreise nun auch über unsere Grenzen möglich wäre, und das war für mich eigentlich nicht begreiflich. Ich hab zu meiner Frau gesagt, Dummheit, der weiß gar nicht, was er redet, und wir sind dann ins Theater gefahren. Bei der Rückfahrt überlegten wir, ob wir Unter den Linden zurückfahren oder über die Französische Straße, wir sind nicht die Linden langgefahren, und wir sahen nichts, alles war ruhig. Mir war bewußt, wenn was gewesen wäre, hätte man mich sofort zur Dienststelle gerufen. Aber da wir monatelang anonyme Anrufe bekommen hatten, die waren gegen meine Frau gerichtet, hatte sie in dieser Nacht den Telefonstecker rausgezogen, weil sie wollte, daß ich mal durchschlafen sollte. Ich wurde wirklich alarmiert, aber der Ruf kam nicht an. Als sie am Morgen um sechs den Stecker wieder reinsteckte, kam sofort der Anruf. Wo hast du gesteckt, wir haben seit Mitternacht versucht, dich zu erreichen. Ich also sofort zur Dienststelle, und mein Chef empfing mich im Führungspunkt und fragte, ob ich wüßte, was im Ernstfall mit mir geschehen würde, er sagte, man würde mich an die Wand stellen. Und da hab ich ihn gefragt, welchen Ernstfall er meint, für mich gab's keinen Ernstfall mehr, nach dem, was dieser Schabowski angerichtet hatte. Es war für mich lächerlich, wie diese dumme Führung den Staat preisgegeben hat. Ja, und dann begann für mich eine Zeit des ständigen Einsatzes. Ich mußte sofort zur Invalidenstraße, wo etwa zweitausend Menschen ein Sperrtor gestürmt hatten. So ein Tor ist für mich immer etwas gewesen, was Menschen nicht aufstoßen können, das war ein Stahltor in der Mauer, und dort wurden vorher schon zwei LKWs rückwärts ans Tor gefahren, und selbst diese LKWs wurden durch die Menschenmenge beiseitegeschoben, und durch dieses Tor sind innerhalb von fünf Minuten zweitausend Menschen, vorneweg drei Kinderwagen. Die Leute riefen, schießt doch, schießt doch, sie sind rübergerannt wie verrückt, es hat natürlich niemand geschossen, die hätten ja woanders rübergekonnt, und es strömte ja auch alles, nur das dauerte natürlich sehr lange, weil man ja zum Anfang noch die Personalausweise kontrolliert hat.

So, und dann wurde ich ans Brandenburger Tor geschickt, und dann stand ich auf dieser Mauer, an die man vom westlichen Territorium aus direkt rankam. Dort gab es kein Niemandsland wie anderswo, es war die dickste Stelle der Mauer, was später große Probleme beim Abriß gab, denn das war eigentlich eine Panzersperre, es wäre kein Panzer dort durchgekommen. Dieses Brandenburger Tor war ja ein symbolischer Ort, aus der historischen Situation heraus, und der ganze Druck richtete

sich auf diesen Punkt der Grenze. Es war schon sehr ergreifend für mich, dort oben zu stehn, wo sich Tausende von Menschen aus Ost und West konzentriert hatten. Zu diesem Zeitpunkt hat eine Staatsmacht nicht mehr existiert. Unser General hatte die Waffen einsammeln lassen, das war sehr vernünftig, denn es gab keine Führung mehr von oben, und da ich auch in diesen Tagen im Führungspunkt Dienst gemacht hatte und viele Gespräche kannte, wußte ich, daß der Kommandeur immer wieder aufgefordert wurde, selbst zu entscheiden. Von oben kam nichts mehr. Schabowski hatte zwar vorher immer große Berichte einsammeln lassen, ob irgendwelche Vorkommnisse waren, aber zu diesem Zeitpunkt hat er sich außer dieser Verwirrmeldung nicht mehr gerührt. Es mußte auch nicht mehr berichtet werden, es war unsinnig geworden, weil ja auch die Führung unfähig war, noch irgendwelche Entscheidungen zu treffen. Dabei waren sie am 7. Oktober noch überzeugt, die Mauer steht noch hundert Jahre, obwohl an diesem 40. Jahrestag der DDR schon Losungen an den Häusern erschienen waren, daß die Menschen nicht mehr wollten. Ich habe selbst darüber informiert. Naja, und dann war plötzlich die Grenze offen, und die, für die wir sie jahrelang bewacht haben, waren in der Versenkung verschwunden.
Als Verantwortlicher für den Einsatz der Offiziersschüler-Kompanien, die natürlich wieder rangebracht wurden, mußte ich die ganze Zeit vorne sein. Von Westberliner Seite wurde allerhand Zeug zu uns rübergeworfen, Schokolade, Zigaretten, Schnapsflaschen, der Müll lag zwanzig Zentimeter hoch, und dann kam die Straßenreinigung und mußte aufräumen. Der Kraftfahrer vom Müllauto sagte mir, was habt ihr denn, die sind doch alle friedlich, die da drüben stehn. Darf ich mal auf die Mauer? Ich möchte mir das mal ansehn. Ich ließ ihn auf die Leiter steigen, so, und er hoch und guckte rüber, und in dem Moment zischte zwischen unseren beiden Köpfen eine Flasche durch die Gegend. Er war ganz erschrocken und sagte, die hätten uns ja treffen können. Und er war wirklich froh, als er in seinem Müllauto wieder drinne war. Nun war ihm klar, daß das nicht nur harmlose Neugierige waren, die auf der anderen Straße standen und die Mauer regelrecht belagerten. Da waren auch jede Menge Journalisten, die auf Sensationen aus waren, die kamen auch in die Sperrbereiche, und wir waren wie gewohnt ziemlich zurückhaltend, denn wir wollten immer noch für unseren Staat einstehen, so war das nun mal. Ich war stolz auf unsere Grenzer, die sich nicht provozieren lassen haben. Eins stand fest, unser Kommandeur hatte gesagt, sowie eine Masse kommt, gehn wir zurück, und dann geht alles auf, es wird niemand Widerstand leisten, damit kein Blut fließt. Ich bin heute froh, daß es nie zu einer militärischen Auseinandersetzung zwischen beiden Systemen gekommen ist. Es wäre eine Katastrophe für uns geworden.

Diese Unfähigkeit der Führung, unvorstellbar, was da herausgekommen wäre. Ein Glück, daß die Öffnung der Mauer so unblutig abgelaufen ist.
Ich war über zwanzig Jahre Offizier, wenn ich mich heute frage, war diese Berufswahl richtig, so denke ich an meinen Vater, der mich ja gewarnt hatte. Aber ich habe ihn vor die vollendete Tatsache gestellt, und ich möchte nichts missen aus diesen Jahren, ich hatte meinen Stolz als Offizier, und ich hatte es mit Tausenden von Menschen zu tun, vor denen ich heute noch den Hut ziehe.

Helmut H., Jahrgang 1944

Major a.D.

Wie bin ich zu meinem Beruf gekommen? Im Prinzip hatte ich sowieso Interesse gehabt an der Armee. Ich bin praktisch, nachdem ich EOS hatte, also erweiterte Oberschule in Bad Freienwalde, geboren bin ich in Eberswalde. Ja, und nach der siebenten Klasse sind meine Eltern umgezogen nach Freienwalde. Mein Vater ist Heimerzieher, also Unterstufenlehrer und Heimerzieher, und der war seit '49 Heimleiter. Hat in Eberswalde ein Jugendwohnheim aufgebaut '49, und wir haben praktisch auch im Heim gewohnt. Also seit meinem fünften Lebensjahr war ich sozusagen immer im Heim mit drin. Das waren Jugendliche, teilweise elternlos, die haben gelernt im Kranbau Eberswalde oder in Finow hier, Stahl- und Walzwerk, die haben im Heim gewohnt, bis sie ihre Lehre abgeschlossen hatten.

Ich bin ein Einzelkind, ja. Wir sind dann nach Freienwalde umgezogen, da war auch ein Jugendwohnheim, Vater mußte noch ein Kinderheim mit übernehmen. Der hat Fernstudium gemacht, von Beruf war er Maler. Aufgrund seiner Kriegsbeschädigung, er war links beinamputiert, rechtes Knie war auch kaputt, hat er dann praktisch diesen Beruf übernommen. Er ist gleich '46 in die Partei eingetreten. Ich habe dann in Freienwalde die zehnte Klasse gemacht, und dann mußte er wieder ein anderes Heim übernehmen, in Bralitz, das war ein Kinderheim für Berliner Kinder. Mutter war Wirtschaftsleiterin. Das war dann kurz vor '61, bevor die Grenze zugemacht wurde, da kamen die Kinder hin, von denen die Eltern weggegangen sind hier und die Kinder hiergelassen haben, die kamen dann ins Heim, ja, teilweise drei, vier Geschwister, das waren zirka 60 Kinder. Und heute heißt es dann Zwangsadoption. Ja.

Als die Mauer gebaut wurde, war das für uns im Prinzip klar, das mußte sein. Ansonsten wären wir ausgeblutet. Es mußte dicht gemacht werden. So, und ich habe dann Abitur gemacht und war im Wehrkreiskommando, habe mich freiwillig gemeldet, wollte zu den Pionieren. Brückenbau, Straßenbau, das hat mich interessiert. Ich war aktiv in der Gesellschaft für Sport und Technik, FDJ, und vor allem viel Sport, Laufen, Springen, Volleyball, Handball, Schwimmen, war immer dieselbe Clique, zwei Erzieher aus dem Heim dabei, und ich, ein paar aus dem Dorf, wir haben alles zusammen gemacht, wir haben Fußball gespielt, wir haben Handball gespielt, wir haben Tischtennis gespielt, Sport war mein ein und

alles. Man kann sagen, eine unbeschwerte Jugend. Die Geschwister, das waren die Heimkinder. Da hab ich auch aushilfsweise als Erzieher mitgemacht, im Sommer als Rettungsschwimmer. Wir hatten dort Tongruben, eine war so als Badestelle ausgebaut hier, die Kinder haben schon immer drauf gewartet, wenn ich aus der Schule mit dem Moped gekommen bin, wolln wir nicht baden gehn? Erst Schularbeiten, hab ich gesagt, dann haben wir uns zwei, drei Gruppen geschnappt, zwei Erzieher noch mit, und dann sind wir baden gegangen. Ich hab praktisch in Freienwalde in der neunten Klasse schon den Rettungsschwimmer gemacht gehabt, und ich hab dann den ganzen Sommer über als Erzieher mitgemacht, im Ferienlager, und dann haben wir denen das Schwimmen beigebracht.
Einmal waren da Mädchen aus Auerbach, und da haben sie mich gefragt, ob ich da nicht aushelfen will, die hatten keinen Rettungsschwimmer dabei, und da bin ich hin und da habe ich die Gudrun kennengelernt. Es war, sagen wir mal, Liebe auf den zweiten Blick. Wir haben uns gut verstanden. Damals war für mich schon klar, daß ich drei Jahre zur Armee gehe. Da haben sie mich dann zum Wehrkreiskommando geholt und gefragt, ob ich nicht zu den Grenztruppen will nach Berlin. So, und da habe ich gesagt, wenn's nicht anders ist, dann mache ich das auch.
So. Das war 1963. Am 3. November bin ich einberufen worden nach Groß-Glienicke. Da hat sich erst kein Mensch um uns gekümmert, und dann hieß es eines Tages früh, alles raus, dann sind wir mit dem Zug nach Zwickau. Da war das Ausbildungsregiment, was dann später in Oranienburg war. Paar Wochen waren wir in Zwickau, und dann wurden wir verlegt nach Oranienburg. Gudrun hat in Auerbach im Wäschebetrieb gearbeitet, als Sekretärin, und dann später im Wehrkreiskommando als Sacharbeiterin. 1964 haben wir dann geheiratet. In Rodewisch. Da war ich dann schon in Plauen auf der Offiziersschule.
Vorher hatte ich Unteroffiziersausbildung gemacht und bin als Gruppenführer an der Grenze gewesen, in Berlin, Johannistal. Hab meinen Gruppenabschnitt gehabt, bin Streife gegangen, habe Posten gestanden. Das waren Gartenanlagen, bewohntes Gebiet, Wohnsiedlungen, da war Stacheldraht, Kontrollstreifen, ab und zu ein Lichtmast, Holztürme, 12, 13 Meter hoch, aus Baumstämmen gebaut, da standen die Posten drauf, und wir sind Streife gelaufen oder Fahrrad gefahren, unser Stützpunkt war direkt an der Geflügelfarm. Auf der anderen Seite, da kamen die Amerikaner gefahren, ja, die haben ihre Maschinengewehre umgedreht auf ihrem Jeep, Zielübungen gemacht, wir sind beworfen worden mit Steinen und Flaschen, wir hatten Reizwurfkörper, Nebelwurfkörper gelb, die waren ohne Sprengsatz, die haben wir geworfen, und wenn wir die Dinger zurückgekriegt haben, dann haben wir NK rot genommen, da

war ein Sprengsatz drin. Die haben wir geworfen, aber nur auf unserem Gebiet, wir hatten drei, vier Meter, da mußte man aufpassen, daß man das Zeug nicht selber abbekam.
Es gab täglich Vergatterung, da hieß es eindeutig, Grenzverletzer sind festzunehmen beziehungsweise zu vernichten. Mit Anwendung der Waffe. In der Schußwaffengebrauchsordnung stand eindeutig drin, Anrufen, Warnschuß, gezielter Schuß, der den Grenzverletzer an der weiteren Fortbewegung hindert. Gottseidank brauchte ich nie zu schießen. Wie entscheidet man sich, wenn man einen Menschen rennen sieht, der weg will? In dem Augenblick läuft das automatisch, ja, da gibt's die Frage, entweder er oder ich. Die Grenzer waren ja die einzigen Soldaten in der DDR gewesen, die wirklich die echte Notwendigkeit begreifen mußten, scharf zu schießen. Die andern haben ja nur in Manövern geschossen.
Wir haben praktisch unter Kriegsbedingungen gelebt, so haben wir das empfunden. Ich würde sagen, das war nicht belastend, für mich nicht. Denn die ganze Ideologie bei uns war darauf ausgerichtet, es hat niemand illegal über die Grenze zu gehn, wer das tut, hat Dreck am Stecken, der hat unserem Staat Schaden getan, und demzufolge muß er gestellt werden. Bei Festnahmen haben wir es oft genug gesehn, unbewaffnet waren die meistens nicht, und wenn es ein feststehendes Messer war, auch Waffen, selbstgebaute Waffen, oder Pfeffer, 'ne Prise Pfeffer in die Augen kriegen, ist auch unangenehm.
Ende August kamen sie dann von der Politabteilung zu mir, ob ich nicht Interesse hätte, an die Offiziersschule zu gehn. Abgeneigt war ich im Prinzip nicht, das Soldatenleben hat mir schon Spaß gemacht, das war für mich nicht belastend, durch den Sport auch. Ich habe vom fünften Lebensjahr an immer in Gruppen gelebt, bin mit Leuten ausgekommen.
Nicht jeder ist zur Grenze gekommen, und schon gar nicht nach Berlin. Die waren dann schon ausgesucht. Aber es waren auch welche dabei, die in der Kirche waren, und ich muß sagen, mit denen haben wir teilweise weniger Probleme gehabt als mit anderen. Die haben die Notwendigkeit auch gesehn, die Grenze zu bewachen. In den sechziger Jahren war das vielleicht auch noch anders als später in den siebziger und achtziger Jahren. Ja.
Als es um die Offiziersschule ging, habe ich erst mal Gudrun geschrieben, daß ich Interesse hätte. Sie hatte im Prinzip nichts dagegen, und da bin ich dann nach Plauen. Da war schon unser erstes Kind unterwegs. Drei Jahre war ich in Plauen. Praktikum zwischendurch in Berlin, am alten Abschnitt in Johannistal. Als Gruppenführer wieder, beim nächsten Mal als stellvertretender Zugführer, da hieß es dann schon, einen

Kompanieabschnitt führen. Das waren so vier bis fünf Kilometer, sieben, acht Posten. Die klappert man dann ab. Die Meldungen laufen ein, dort verdächtige Person, klärt das auf. Protokoll geschrieben, der Polizei übergeben. Die Jungs haben auch manchmal Gespenster gesehn. Klar, vor allem, wenn die Stunde der toten Augen kam, um zweie, dreie, viere, wenn die Augen schon langsam zufallen, dann hat man öfter mal 'n Schatten huschen sehn, ja. Und wenn dann was war, mußte die Alarmgruppe raus, Fährtenhund raus, Spuren aufnehmen, 'ne reine Nervensache.
Nach der Offiziersschule bin ich dann als Unterleutnant wieder nach Johannistal. Und Gudrun immer noch im Vogtland. Im Februar '68 haben sie uns eine Eineinhalbzimmerwohnung angeboten in Berlin-Baumschulenweg. 1965 ist der Große geboren, da war der dann schon drei Jahre, und Gudrun hat immer noch in Vaters Bett geschlafen und ihr Vater auf dem Sofa, drei Jahre lang, da hat sie dann eine Eingabe gemacht. Sechzig Mark hat sie im Monat gekriegt, wenn die Eltern sie nicht ernährt hätten... Im ersten Lehrjahr hab ich zweihundert Mark gekriegt, davon gingen zehn Prozent ab als Versicherung. Da habe ich dann hundert Mark Gudrun geschickt. Im zweiten Jahr habe ich dann dreihundert Mark gekriegt und im dritten vierhundert, ausgezahlt 360. Als ich dann Unterleutnant war, draußen an der Grenze, was habe ich ausgezahlt gekriegt, 680 Mark. Jeden Monat hundert Mark Spende für Vietnam, das war obligatorisch. Und dann ist Gudrun '68 nach Berlin gekommen. Die hat die Wohnung gesehn und gesagt, nee. Daneben ein Gemüseladen und Mülltonnen, keine Doppelfenster, alte Öfen, sie vom Lande, Bäume und Garten gewohnt. Aber ich habe sie überzeugt, habe gesagt, dann sind wir wenigstens zusammen. Ich hab in der Kaserne gewohnt, in Johannistal. Und dann sind wir endlich zusammengezogen. Da war dann das zweite Kind unterwegs. Sie hat wieder Eingaben gemacht, kein Bad, Zinkbadewanne in der Küche, und dann ein Eispalast, das war nicht auszuhalten, dreimal heizen am Tag, Wäsche durfte sie auf dem Hof nicht aufhängen, das war ein privater Hauswirt, der hat ihr die Leine durchgeschnitten. Zwei Jahre haben wir da gewohnt. Das schlimmste war, als Zugführer, wann ist man denn da nach Hause gekommen. Frühschicht um achte in die Dienststelle, bis zum nächsten Tag, dann inne Nachtschicht, da blieb man sowieso drinne, weil's 'ne Alarmeinheit war, also die Woche maximal zweimal zu Hause. Für'n paar Stunden. Schlafgast. Für Gudrun was das schlimm, die hat immer gesagt, wenn ich nicht die beiden kleinen Kinder hätte, ich würde nach Hause gehn, aufs Dorf zu meinen Eltern. Das konnte man ihr im Prinzip auch nicht verdenken. Arbeiten konnte sie nicht, weil wir keinen Krippenplatz hatten, da hat sie immer rumgejammert, dieses blöde

Berlin, bis wir dann den Garten hatten. Im Baumschulenweg. Aber das war erst später.
Im August '68 hieß es plötzlich, das ganze Regiment wird vollständig aufgefüllt, wie für den Ernstfall. Die Freunde hatten große Manöver, wir gehörten ja zum Vereinten Oberkommando der Warschauer Vertragsstaaten. Bei uns hieß es, große Inspektion angesagt, auf sämtlichen Truppenübungsplätzen der DDR. Na Gott, ich bin zum Dienst gegangen und nicht mehr nach Hause gekommen. Wie in Amerika, wenn einer Bier holen geht und nach zwanzig Jahren wiederkommt. So ungefähr. Gudrun wußte nichts, und dann kamen Nachrichten, da waren gerade meine Eltern da, und die sagten ihr, na, das kannste dir doch denken, wo der ist. Wir durften uns nicht melden. Überhaupt nicht. Dann ging der Stellvertreter von unserem Kommandeur zu unseren Frauen und sagte, macht euch keine Sorgen. Dann durften sie mal einen Brief mitgeben. Vier Wochen, bis Mitte September, waren wir weg. Gudrun wollte nicht alleine das Kind kriegen, sie hatte schon alles nach Hause geschickt, Wäsche, Windeln, sie wollte nach Rodewisch zu ihren Eltern, und da kam ich plötzlich zurück. Sie sagte, au weia, ich glaube, das geht los. Alle paar Minuten kamen Wehen, dabei war die Zeit noch gar nicht ran. Das ging dann bis zum nächsten Morgen, da habe ich angerufen, im VP-Krankenhaus, das Krankenauto kam, und es dauerte nicht lange, da war Olaf da. Und die Oma hat die Windeln wieder zurückgeschickt.
Wir waren im Zittauer Gebirge, bei Waltersdorf, im Wald gelegen paar Tage. Wir sollten die Grenze DDR-CSSR absichern, damit die ganze Sache, der Prager Frühling, nicht übergreift. Im Prinzip mußten wir Nachschubwege von den Freunden absichern. Also von der sowjetischen Armee. Wir haben im wesentlichen Flugblätter eingesammelt und die Tschechen wieder zurückgedrängt.
Ende August, als die Ferien zu Ende waren, wurden dann die Kinder, die in der CSSR in Ferienlagern waren, mit Bussen zurückgeholt, Leute von uns sind mitgefahren, es ist ja kein Fahrzeug unbeschädigt zurückgekommen, die Scheiben eingeschlagen undsoweiter. Solche Wut auf die DDR. Wir haben unsere Leute dann rübergelotst, Maschinenpistole vor der Brust, die Tschechen standen mit Eisenstangen an der Grenze, die haben gezittert vor Wut. Und wenn die Freunde dann zurückkamen, also die sowjetischen Einheiten, mußte immer Begleitschutz sein, denn die haben sie auch überfallen. Die haben dann immer'n paar Tote mitgebracht. Wenn die auf der Wache eingeschlafen sind, weil sie ja schließlich müde wurden, Kehle durchgeschnitten oder in die Nieren gestochen, die haben sie dann zurückgebracht, das hat natürlich bei uns die Soldaten mächtig beeindruckt.
Grenzdienst insgesamt, das war ja immer riskant, auch hier in Berlin.

Ausschnitt aus dem „Handbuch für Grenzsoldaten" aus den sechziger Jahren.

1.26 Durchsuchung eines Grenzverletzers im Stehen

1.27 Durchsuchung eines Grenzverletzers im Liegen. Der Posten nähert sich von der Seite

1.28 Durchsuchung der linken Körperhälfte

1.29 Durchsuchung der rechten Körperhälfte

Da hat man bloß zwei, drei Meter gehabt, die noch unser Gebiet waren, da sind uns die Westberliner Polizisten fast auf die Beene getreten, oder die Engländer, die Amerikaner hier, ja, das war einem nicht einerlei. Man hat es im Prinzip so empfunden, man ist im Recht und der andere tut unrecht. Bis hierher geht mein Gebiet, und da hat niemand was drin zu suchen. War immer eine Verteidigungsposition. Immer. Anders nie. Wenn man in der U-Bahn oder S-Bahn die Kontrollen gemacht hat auf den Gleisanlagen, hieß es immer, bis zur weißen Linie, die ging quer über die Schienen. Wir haben unser Gebiet nie verlassen.
Weiter mit der Familie. Gudrun hat wieder Eingaben geschrieben, und ich hab einen Anschiß gekriegt, von der Politabteilung. Wie wir uns das vorstellen, wir können zufrieden sein, daß wir überhaupt 'ne Wohnung gekriegt haben, naja, und dann haben sie uns eine in der Prenzlauer Allee angeboten. Die hätten wir schon genommen, das war '69. Aber da sind wir im Herbst spazierengegangen durch die Kleingartenanlagen. Da haben wir gefragt, wie es aussieht mit einem Garten. War im Prinzip aussichtslos, alles vergeben. Ich bin in Uniform gewesen, bin ja im Prinzip immer in Uniform gegangen.
1969 im Winter kam dann einer und hat gefragt, ob wir immer noch Interesse hätten. Er hatte die Schlüssel da, und dann sind wir gleich hin und haben uns das angesehn. Da stand 'ne Laube drauf aus Kistenbrettern. War viel zu tun, aber Arbeit hat keine Rolle gespielt, wir waren froh, daß wir den Garten hatten. Und den haben wir heute noch. Darum sind wir nicht in den Prenzlauer Berg gezogen. So'n Grenzer hat ja wie ein Schichtarbeiter gelebt. Schlimmer. Wir haben gemacht ungefähr einundzwanzig, zweiundzwanzig Grenzdienste im Monat. So. Dann hieß es aber, wenn man früh Dienst hatte, mußte man nachts um zwei dasein, abends um sechs nach Hause, geschlafen, nächsten Morgen früh um halb achte dasein. Da war ich ja dann schon Offizier und brauchte keen Frühsport mehr mitzumachen. Das sind so die Privilegien. Dann ging das bis vierundzwanzig Uhr, motorisiert war man nicht, also war man die Nacht um eins, halb zwei nach Hause. Oder man ist gleich dageblieben. Früh gings dann weiter, Ausbildung, Befehlsausgabe an die Gruppenführer, Taschenkontrolle bei den Soldaten, daß sie kein Radio mithaben oder 'ne Rätselzeitschrift, Kartenspiele und sonstwas alles, dann kam die Vergatterung, Sie sind eingesetzt zur Sicherung der Staatsgrenze der Deutschen Demokratischen Republik im Abschnitt von bis. Ja, mit der Aufgabe, Grenzdurchbrüche nicht zuzulassen, Grenzverletzer vorläufig festzunehmen beziehungsweise zu vernichten und den Schutz der Staatsgrenze unter allen Bedingungen zu gewährleisten. Ja. Provokationen und deren Ausdehnung auf das Gebiet der DDR nicht zuzulassen. Dann hieß es aufsitzen auf die Fahrzeuge, dann wurden die Posten

abgesetzt. Die hatten ihre Feldflaschen mit Kaffee mit. Wir haben kontrolliert, ob Schnaps drin ist. Gudrun hat sie ja manchmal gesehn, als sie schon im EAW gearbeitet hat, da hatte die Verkaufsstelle schon früh auf, und die Gruppenführer kamen mit dem Motorrad vorgefahren, haben die Kradtaschen vollgepackt. Wie sah der denn aus, habe ich Gudrun gefragt, aber sie hat keinen verpfiffen.
EAW, Elektroapparatewerke Treptow, das war ihre erste Arbeitsstelle nach dem Kinderkriegen. Da konnte Falko in den Kindergarten und Olaf bekam einen Krippenplatz. Gudrun wurde Sekretärin bei der Personalchefin. Sie hatte auch nicht immer pünktlich Feierabend. Da hat dann der Kraftfahrer auch mal die Jungs nach Hause gebracht. Haben manche drüber gelästert. Die Frau Major. Naja. Ich wäre auch gern mal früher zu Hause gewesen, die Kinder hatte ich meistens nur schlafend gesehn. Der Große sagte zur Mutti, ich werde nicht Offizier, da kommt man ja nie nach Hause. (Später ist er es dann doch geworden. Und Olaf auch.) Wenn man dann schon weg wollte, kam noch ein Soldat mit Liebeskummer, dem mußte man zuhören, oder einem ist zu Hause der Dackel gestorben, der durfte dann nach Hause, den Dackel beerdigen, wie gesagt, man war dreiviertel des Monats in der Dienststelle. 1970 haben wir dann die andere Wohnung bekommen. Da hatte ein Zweiundneunzigjähriger drin gewohnt, die war 50 Jahre lang nicht renoviert worden. Aber sie lag in unmittelbarer Nähe vom Garten. Gudrun sagte erst nee, die nicht, aber ich sagte, komm, wir gehn zur Wohnungsverwaltung, die haben dann erstmal Ordnung gemacht, die gesamte elektrische Leitung, die Öfen neu gesetzt, ist ja auch bloß 'ne Zweizimmerwohnung, aber große Zimmer. Wir haben eigentlich nie große Ansprüche gestellt. Malermäßig haben wir uns alles allein gemacht, die Farben haben wir gekriegt, Geld für die Tapeten, neues Toilettenbecken, da haben wir den ganzen Urlaub verwendet, die ganze Familie hat geholfen, Eltern, eine Tante, fünf Wochen gemalert. Schlafzimmer und Kinderzimmer hatten wir zusammen, die Schrankwand dazwischen, und das andere dann als Wohnzimmer. Da wohnen wir heute noch.
Die Jungs sind ja inzwischen erwachsen und haben ihre eigene Wohnung. Falko konnte dann nicht weiter Offiziersschüler sein, bei dem haben sie einen Herzfehler gefunden, der studiert jetzt und wird Lehrer. Und Olaf? Der kann alleine erzählen, wie es bei ihm weitergegangen ist. Es waren jedenfalls keine einfachen Zeiten für die Familie. Wir hatten immer knapp Geld, als Gudrun noch nicht gearbeitet hat. Einmal ist sie mit den Kindern spazierengegangen, weil elektrisch kassiert werden sollte und kein Geld da war. Als sie dann Arbeit hatte, wurde es besser. Da konnten wir uns was anschaffen. Das haben die Nachbarn auch mitbekommen. Die haben uns nie schief angesehn. Man konnte hin-

kommen, wo man wollte, auch in Uniform. In der Gartenanlage helfen wir uns gegenseitig, da gibts nischt, bis heute nicht. Mit den eigenen Leuten habe ich mal Ärger bekommen, wegen Westkontakt. Da hab ich einen Zeck gehabt. Meine Tante, Schwägerin vom Vater, von der wußte ich kaum was. Die waren weg '53, '54, so, und die kamen manchmal zu meinen Eltern. Da haben wir dann ein Telegramm gekriegt, daß die da sind, und dann sind wir nicht hingefahren. So. Und dann hatten se uns mal keen Telegramm geschickt hier, und ich war mit'm Trabbi mit'm Hänger hingefahren, da wollten wir Mist holen für den Garten, für die Tomaten hier, ich fahr auf den Hof ruff, und da steht die Tante in der Türe. Tante Friedchen. Das war so '87. Was nun tun? Meine Frau sagt, wir könn doch jetzt nicht flüchten. Wir sagen guten Tag und dann haben wir eben keine Zeit, Helmut muß zum Dienst. Die hat sich natürlich gefreut, daß sie uns endlich mal kennenlernt, die ist über 70, wir haben uns 'ne Viertelstunde aufgehalten, haben Mist aufgeladen, und auf der Rückfahrt haben wir uns unterhalten. Melden oder nicht? Meine Frau sagte, ich sag das meinem Chef, der ist nicht so. Ich habs dann auch gesagt, dem Stellvertreter Stabschef, naja, zur Kenntnis genommen, von dienstlicher Seite kam denn überhaupt nischt. Aber Partei. Da gings los, Parteiverfahren. Endkonsequenz: strenge Rüge. Wegen Mist und Tante Friedchen. Die Verwaltung 2000, also Abwehr, Staatssicherheit, die wußten schon Bescheid. In dem Augenblick, wenn die Westverwandtschaft eingereist ist, haben die mich überwacht. Wenn ich es nicht gemeldet hätte, wäre es auch dienstlich gekommen, Bestrafung, Degradierung oder Rausschmiß. Am schärfsten war einer, der später als einer der ersten aus der Partei raus ist, der Wendehals. Einen Rachen aufgemacht dort. Das sind die, die heute die Opfer sind. Die vierzig Jahre lang beschissen wurden.
Ich kam dann nach Rummelsburg als Stellvertreter des Kompaniechefs, da wurde es zeitmäßig besser. Ich bin immer gern zu Hause gewesen. Mich hats nach Hause gezogen, schon allein wegen der Kinder. Die sind auch manchmal inner Kaserne rumgestrolcht. Da kamen dann Unteroffiziere, die was von mir wollten, die sagten, na, kommt mal mit, und dann haben sie denen Bonbons gegeben, Kekse gegeben, Schokolade gegeben, oft mußte ich ihre Verpflegungsbeutel mit nach Hause nehmen, da war dann 'ne Banane drin oder so, die Kinder haben sich gefreut.
Bis 1980 war ich in Rummelsburg. Mit dem offenen Trabant, unserem Stoffhund, sind wir rausgefahren an die Grenze, man mußte überall dorthin, wo's brenzlig war. Das war dann der Abschnitt Invalidenstraße, Potsdamer Platz, die S-Bahn Stadtmitte, die U-Bahn, die ganzen unterirdischen Anlagen. Im Bahnhof Potsdamer Platz konnte man sich verlaufen. Und da ist auch manchmal was aus den Zügen geworfen

worden, Flaschen und alles mögliche. Wir haben uns hintern Pfeiler gestellt oder waren in geschlossenen Räumen drin, mußten alles einsammeln, was rumlag. Die Soldaten sahen die Leute vorbeifahren in eine andere Welt, kann man sich heute kaum noch vorstellen. Wenn man sich dann so inne Nische reindrücken muß, wenn die Bahn vorbeirollt, das ist schon ein eigenartiges Gefühl.
Man mußte immer aufpassen auf den eigenen Mann, den man mithatte. Vorne an der Mauer, die wurde dann '67, '68 gebaut, vorher war Stacheldraht oder Streckmetall und Platten. Die Betonmauer haben dann die Pioniere gebaut. Das war für uns 'ne Erleichterung. Wir waren nicht mehr zu sehen, da konnte nichts mehr geflogen kommen. Später wurden die Plattformen gebaut, wo die Reisegesellschaften raufgeführt wurden. Am Checkpoint Charly, da war öfter was los. Einige kannten wir schon, Schulz und Pfeifer, die wurden dafür bezahlt, die kannten wir schon, da wurden wir mit Brandflaschen beworfen, da stand dann die Mauer mal in Flammen, dann wurden die Feuerlöscher geholt, da hat man sich auch dran gewöhnt.
Wenn 'ne Festnahme gewesen ist, dann mußte man die Leute übernehmen, aufs nächste VP-Revier, wir haben nur die Personalien festgestellt, falls sie Ausweise bei sich hatten. Dann war für uns die Sache erledigt. Manche waren alkoholisiert, hatten sich Mut angetrunken, mit denen war nicht viel zu reden. 95 Prozent aller Festnahmen waren schon im Hinterland. Wenn ich mich recht erinnere, ist es in meinem Abschnitt nicht zum Schußwaffengebrauch gekommen. Ich brauchte selber nicht die Waffe anzuwenden. Als Verantwortlicher für Grenzsicherung habe ich nur zweimal erlebt, daß die Schußwaffe angewendet wurde, davon einmal mit einer Verletzung, beim zweiten Mal hatte der sich hingelegt, nachdem die ersten zwei Schuß gefallen waren, und alles andere wurde so festgenommen. Ich habe in der Kompanie die ganze Postenplanung gemacht, Führung des Befehlsbuches, Urlaubsplanung für die Unteroffiziere und Soldaten, es mußte praktisch die Gefechtsstärke immer dasein, ich habe Jahresplanung für den Urlaub gemacht. Habe ich mir jeden einzelnen geholt, weil sich manches überschnitt. Maßgeblich war, alle acht bis zwölf Wochen Urlaub für den Soldaten, alle vier bis sechs Wochen für den Unteroffizier. Bis '78 hab ich die Kompanie geführt, dann wurde ich versetzt in den Stab. Da war ich dann zwei Jahre, auch Abteilung Grenzsicherung, '80 bin ich dann nach Karlshorst ins Grenzkommando Mitte, da war ich dann zwei Jahre auch in der Grenzsicherung, dann ab '82 als Diensthabender, das war dann nur noch Innendienst. 24 Stunden. Man saß praktisch nur am Telefon, wir haben das Essen ans Telefon gebracht gekriegt. Das ging so, bis die Grenze geöffnet wurde. Ich hatte Urlaub gehabt am 9. November. Wir wohnten ja direkt

an der Straße, die zum Grenzübergang Sonnenallee führte. Nachts war da plötzlich ein Lärm, ich dachte, der Krieg ist ausgebrochen, wir haben alles vom Balkon aus gesehn, ich denke, mich laust der Affe, Autos in Dreierreihen, Massen von Leuten, da liefen welche rum und verteilten Anträge auf Ausreise. Wir hatten am Abend die Pressekonferenz mit Schabowski gesehn, aber was der da erzählt hat, haben wir überhaupt nicht richtig verstanden. Ich habe praktisch auch nicht geahnt, daß damit das Ende meines Offizierslebens gekommen war.
Es ging dann nach dem 9. November im Prinzip noch normal weiter mit 24 Stunden-Dienst. Bis dann unsre Truppe aufgelöst wurde, wir die Uniform praktisch an Nagel gehängt haben. Ich hab se noch, ich weiß nicht, was ich damit machen soll, in Lumpensack stecken? Meine Frau sagt, die Cognak-Jacke bleibt hängen, also die Ausgehuniform. Naja. Das erste blöde Gefühl war, als wir die Muckermütze aufsetzen mußten hier, nach der Vereidigung, die Eppelmann nochmal gewollt hatte hier. Ich war bei dem großen Haufen gar nicht dabei am 20. Juli 1990, die hatten uns zu 15 Uhr hinbestellt, als wir dann ankamen, war das Ganze schon um 14 Uhr abgelaufen. Erstmal mußte ich meine Mütze umbaun, 'ne andre Kokarde, ohne DDR-Emblem hier, naja und dann ins Lagezimmer, da waren wir vier oder fünf Mann, da wurde uns der ganze Salm vorgelesen, und dann war die Sache erledigt. Wir wurden praktisch nochmal vereidigt auf die DDR, notgedrungenerweise Ja und Amen gesagt und unterschrieben.
Ich bin von da an in Uniform nicht mehr öffentlich aufgetreten. Mit meiner grünen Mütze bin ich ja überall rumgelaufen, aber mit der neuen Mütze nicht mehr. Dann haben wir von Herrn Eppelmann noch 'ne schöne Urkunde gekriegt, hat er sich nochmal bedankt, und wir durften uns dann alle für den Bundesgrenzschutz bewerben. Da haben wir im Prinzip alle unsere Absage gekriegt. Dann war ich noch beim Abbau- und Rekultivierungskommando, Zivildienstbeschäftiger bei der Bundeswehr. Rekultivierung des Mauerstreifens. Haben wir ja alles verseucht hier. Aber ich habe schon die Kündigung. Alle von uns. Mal sehn, was ich dann mache. Taxifahrer vielleicht. Ob ich mir ein Stück Mauerstück mitgenommen habe? Nee. Ein paar Meter Zaun hab ich gekauft, Quittung aufheben, sagt meine Frau. Da bin ich zweimal gefahren, hab meine Jungs noch mitgehabt, und dann haben wir den Zaun im Garten aufgebaut, fuffzig Zentimeter unter die Erde, fuffzig über der Erde, da brauchten wir keine Zaunpfähle. Ist bloß, damit das Laub vom Nachbarn nicht rüberweht. Sonst brauch ich keinen Zaun. Streckmetall, der hält ewig, da hab ich mein Stück Grenze.

Olaf H., Jahrgang 1968

Eigentlich wollte ich Fallschirmspringer werden, hat mir schon immer gefallen, überhaupt Uniform, Waffen, meinem Bruder auch. Der wollte Förster werden. Wir waren ja oft bei Oma und Opa im Wald Aber dann erklärte er eines Tages, er werde Offizier wie Vati. Für mich war klar, das machste auch. Ich habe mich an der Offiziersschule in Löbau beworben, wurde aber abgelehnt, wegen meiner Augen. Ich hab von Kind an eine Brille getragen. Fallschirm ging also nicht. Ich wieder zum Wehrkreiskommando, ich wollte unbedingt wo hin, wo was los ist. Polit sollte ich machen, dann gehe ich nicht, sagte ich. Politoffizier mache ich nicht. Dann Grenztruppen.

Mit 21 kam ich auf die Schule nach Suhl. Vorher hatte ich meinen Facharbeiter als Maschinenbauer gemacht, in Berlin, Werkzeugmaschinenfabrik Marzahn. In Suhl habe ich dann Abitur gemacht. War prima. Schon Geld dabei verdient, 320 Mark im Monat, zweimal die Woche durften wir raus, da sind wir dann meistens in Gaststätten gegangen oder zu unserem Polit, der hat sich ein Haus gebaut, da haben wir geholfen, für den waren wir wie die Söhne.

Das erste Studienjahr war ziemlich hart, nur draußen im Dreck, bei Regen und Schnee, das hat einen schon manchmal angekotzt. Aber die Kumpels, die waren in Ordnung. Im zweiten Studienjahr kam die Funkausbildung, Panzerfunkgeräte, grenztechnische Anlagen, das war interessant. Hat mich mehr interessiert als M-L, also Marxismus-Leninismus. Die praktischen Fächer lagen mir. Wir hatten eine Lehrgrenze bei Suhl, alles wie an der richtigen Grenze, zwei Kilometer lang, ich fand das gut. Die höheren Studienjahre stellten Grenzverletzer dar, und wir mußten die festnehmen.

1989, zum Abschluß des zweiten Studienjahres, sollten wir zur Parade nach Berlin, Militärparade zum 40. Jahrestag der DDR. Aber mein Trabant machte bei Jena die Grätsche, der Motor saß fest. Die anderen sind in Berlin gewesen, ich habe in Suhl gemalert. Da hörte ich dann in den Nachrichten, daß die Paradeeinheiten mit Quark und Farbbeutel beschmissen wurden, und dann kamen die zurück und der Unterricht wurde abgebrochen, es hieß, alles packen, nach Berlin! Am Hölzernen See wurden wir stationiert und schichtweise zum Brandenburger Tor oder zum Reichstagsufer gefahren. 12 Stunden eine Schicht.

Am 9. November war das dann so, da kamen wir gerade zurück, als im Speisesaal der Fernseher lief und Schabowski da seinen Zettel vorlas. Wir wußten überhaupt nicht, was der meinte. Aber dann Alarm, ab nach

Berlin, Munition in den Beintaschen, jeder zwei volle Magazine, Schlagstock und Schild, Knebelkette, richtige Polizeiausrüstung. Wir hatten ein Zelt hinterm Brandenburger Tor. Da kam die Nachricht, 3000 Jugendliche bewegen sich aufs Tor zu, aus Richtung Osten. Von der Westseite kommen auch welche. Wir Ketten gebildet, aber ohne Waffen, die wurden eingesammelt, auf Lastwagen geladen und bewacht. Die Demonstranten haben uns regelrecht an die Mauer gedrückt, wir hatten mächtig zu tun, den Pariser Platz zu räumen. Mein Kompaniechef wurde von einer alten Frau beschimpft, die unbedingt durchs Brandenburger Tor wollte, die Grenze war ja überall offen, aber sie wollte durchs Tor und hat ein Riesentheater gemacht, das war dann überall im Fernsehen, war vermutlich gestellt, der Kompaniechef wußte überhaupt nicht, was er sagen sollte. Dann standen wir auf der Mauer am Tor, und wir haben uns gewundert, daß uns die Leute von der Westseite Kaffee gebracht haben, sogar Blumen, von der Ostseite wurden wir angespuckt. Wir standen wie die Holzmänneken, wurden gegens Schienbein getreten, mit Messern bedroht. Über einen Tag lang haben wir da gestanden, dann zurück ins Lager am Hölzernen See, jeder zwei Flaschen Bier, und dann erstmal geschlafen.
Die Ausbildung ging dann weiter mit Schlagstöcken und so, da haben sie dann extra Kampfsportlehrer rangefahren, auch in der Freizeit mußte man dann immer trainieren. Ich empfand das alles als sehr ernst, wir dachten wirklich, jetzt gehts los, wir müssen jetzt wirklich was tun, daß es nicht zum Schlimmsten kommt. Als die uns dann Zigaretten hochwarfen aufs Tor, haben wir das gar nicht verstanden, auch nicht, warum die Leute aus dem Osten so feindlich waren. Wir haben sie doch an die offenen Übergänge verwiesen, das Tor war eben noch gesperrt, das lief sich dann ein, die Leute verloren die Lust, die sind dann lieber woanders rüber. Wir durften da selber noch nicht nach Westberlin, das ging noch vier, fünf Wochen, ehe es offiziell genehmigt wurde. Vater und Mutter sind trotzdem nicht rüber. Mutti war in ihrer Abteilung die letzte, die im Westen war. Und Vater, zwanzig Jahre lang bis zur weißen Linie gelaufen, und dann plötzlich rüber, das konnte der gar nicht.
Nach ein paar Schichten ging es dann zurück nach Suhl. Da war erstmal mit dem Unterricht völlig Schluß, Weihnachten hatte die Hälfte Urlaub, die andere Hälfte Silvester, ich war Weihnachten in der Kompanie, zum ersten Mal nicht bei der Familie. Da war dann Alkohol schon erlaubt, da kam man in den Klubraum rein, und da saßen sie, haben ZDF gesehen, Skat gespielt, Bier auf dem Tisch, Schnaps, das war ganz komisch. Silvester war ich dann zu Hause. Und im neuen Jahr wurde versucht, krampfhaft den Unterricht aufrechtzuerhalten. Das hat dann alles irgendwie nicht geklappt, viele sagten, was solln wir uns jetzt noch mit

Marxismus-Leninismus befassen, ist ja überhaupt nicht raus, ob das überhaupt alles stimmt. Auf alle Fälle ist dann kein Mensch mehr zu Vorlesungen gegangen, das große Auditorium war immer völlig leer. Dann wurden die Vorlesungen freiwillig, und nach und nach wurde der ganze Unterricht abgebaut. Da kams denn so, daß es hieß, die Schule wird aufgelöst, und dann wurde versucht, uns beim Bundesgrenzschutz unterzubringen, ganz normal, wie jeder sich bewerben kann. Ich bin nach Fulda gefahren zum Zulassungsverfahren, naja, zu der Zeit war unsere Schule schon dreiviertelleer, die haben sich selber entlassen, sind Versicherungsvertreter geworden, viele. Ich wurde in Fulda angenommen, dann Urlaub gehabt, nochmal nach Suhl, und da haben wir dann überhaupt nichts mehr gemacht, nur noch Sport, manchmal Wache, und am 3. Oktober, dem Tag der deutschen Einheit, war ich schon in Coburg beim Bundesgrenzschutz. Und da war es dann, als wenn man ins kalte Wasser geschmissen wird. Wir mußten sofort die ganze Ausbildung mitmachen, ganz von vorne, mittlerer Dienst, nicht Offizierslaufbahn, sondern praktisch Unteroffizierslaufbahn.
Irgendwie bin ich mit den Vorgesetzten nicht warmgeworden. Die waren ganz anders. Mit den Leuten, mit denen ich zusammen angefangen habe, die aus Bayern, mit denen bin ich einwandfrei ausgekommen. Aber die Vorgesetzten, das war eine Arroganz, dabei waren das nicht mal Offiziere, wir hatten zwei Hauptkommissare und sonst nur Unteroffiziere, Meister, Obermeister, Hauptmeister. Bei uns war das immer so, wenn man da ein Problem hatte in Suhl, dann hat man das mit den Vorgesetzten ausdiskutiert, das war irgendwie menschlich, aber die Leute in Coburg sind früh gekommen, um sieben, und um 16 Uhr warn sie draußen, da hat nur der Unterricht gegolten und sonst gar nichts. Die Leute, von Pädagogik hatten die keine Ahnung, wie man mit Menschen umgeht, kannten die gar nicht. Wenn mal einer was falsch gemacht hat, den haben die vor der ganzen Hundertschaft runtergeputzt und lächerlich gemacht, ganz schlimm war das. Ja, und wenn wir da nicht so'n duftes Kollektiv gewesen wären untereinander, hätten da schon viel mehr aufgehört.
Mir hat das auch gereicht, ich bin einfach nicht mehr klargekommen mit den Vorgesetzten und hab denn da einfach gekündigt, zum 30. Juni 1991. Mir schreiben die heute noch aus Coburg, da war ich auch schon bei welchen zu Hause, in Nürnberg, am Bodensee, bin nach Österreich gefahren, Skilaufen, das war wirklich 'n ganz prima Verhältnis, wenn die Vorgesetzten weg warn, denn war alles gut, das war mir irgendwie schon zuwider, mich mit denen nur ein Wort zu unterhalten. Wir aus dem Osten hatten ja eine einigermaßen gute Bildung, bei uns waren sie eigentlich vorsichtig, wir hatten ja in Suhl einige Semester an der

Offiziersschule schon abgeschlossen, Pädagogik und sowas, da haben sie sich nicht getraut, uns irgendwie runterzuputzen. In meiner Hundertschaft warn wir sieben Ossis, von der ganzen Offiziersschule 40 Mann. Von 3000. Wurde ja mächtig gesiebt da. Drittes und viertes Studienjahr haben sie so gut wie überhaupt nicht genommen. Wir waren ziemlich redegewandt, beim BGS kann man sich schon mit 16 bewerben, wir warn ja schon alle einundzwanzig, zweiundzwanzig, aber wir sind mit den Sechzehnjährigen gut ausgekommen, das hat überhaupt keine Rolle gespielt.
Aber wenn man so mit Vorgesetzten gesprochen hat, haben die schon immer Spitzen fallen lassen, wo man merkte, daß die genau wußten, wo man herkam, und dann auch im Unterricht wurden da extra so Foren gemacht mit soner Ärztin zum Beispiel, die damals über die CSSR abgehauen ist, und da wurde dann rausgestellt, wie böse die Grenzer sind. Da sollten nun einige ihre Gedanken äußern, und wir Ossis wurden gezielt aufgerufen. Das kam mir so vor, als ob ich da ein Schuldbekenntnis abgeben sollte, ist uns aber gar nicht eingefallen, wir haben da genauso gesprochen wie ich jetzt hier spreche, daß wir das als Aufgabe gesehn haben und daß wir das nicht anders kannten, daß eben 'ne Staatsgrenze geschützt werden muß und wenn's sein muß, auch mit Waffen, was ja jetzt zum Schluß überhaupt nicht mehr so war.
Wir haben zum Beispiel an der Offiziersschule gar nichts kennengelernt mit Anwendung der Schußwaffe. Es gab zwar die Schußwaffengebrauchsbestimmung, aber bei jeder Vergatterung wurde gesagt, Schußwaffe nur im äußersten Notfall, nur wenns ein Angriff aufs eigene Leben ist. Anders kannte ich das gar nicht, wurde uns auch nie anders gesagt. Und wenn, dann nur Warnschuß, und wenns dann eben gar nicht geht, dann isser eben weg. Das war '87 schon so, und nicht, wenn der jetzt mit'm Messer kommt, dafür hatten wir ja unsere Kampfsportausbildung, nur wenn einer auf uns schießt, dann durfte man schießen, sonst wurde das streng bestraft. Das haben wir auf dem Forum gesagt, aber das haben die uns nicht geglaubt, die kamen da immer mit ihrem blöden Schießbefehl. Im Praktikum bei uns war das genauso, da durfte man auch nicht die Schußwaffe anwenden. Seit meiner Kündigung bin ich hier in Berlin, ich habe mich bei der Polizei beworben und warte jetzt, ob 'ne Absage oder 'ne Zusage kommt. Da gibt's auch so'n Zulassungsverfahren mit schriftlichen Tests, so Deutsch, Mathe, und dann sportlichen Test und Arztuntersuchung. Politische Fragen nicht, das interessiert keinen, war auch in Fulda nicht, ich mußte in keinem Fragebogen angeben, daß mein Vater Offizier ist. Politik interessiert im Dienst überhaupt keinen. Ich hätte in Coburg zweieinhalb Jahre Ausbildung machen müssen, und dann hätte ich vier Jahre in Bayern bleiben

müssen. Erst wurde uns gesagt, wir werden für die neuen Bundesländer ausgebildet, aber dann kam raus, daß uns das Land Bayern gar nicht mehr losgelassen hätte, da hätte ich für mindestens vier Jahre bleiben müssen, und dann hätte ich irgendwann ein Versetzungsgesuch schreiben müssen. Ich hab nicht schlecht verdient, 1600 bis 1800 Mark. Ich fahr nicht mehr Trabbi, sondern so'n kleinen Ford Fiesta. Ist aber noch nicht ganz bezahlt.

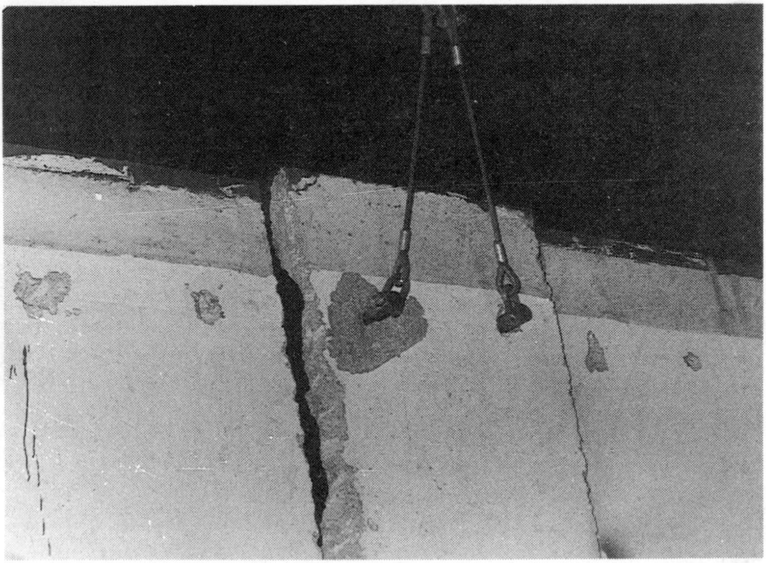

In den frühen Morgenstunden des 13.11.1989 wird am Potsdamer Platz das erste Mauerstück entfernt

Günter L., Jahrgang 1941

Oberst a.D.

Ja, ich bin also in einem kleinen Ort auf dem Lande im Kreis Brandenburg aufgewachsen. Außer Landwirtschaft gab es in unmittelbarer Nähe keine Arbeitsmöglichkeiten, wenn man in einem Betrieb arbeiten wollte, mußte man nach Brandenburg oder nach Potsdam oder nach Berlin fahren. Viele haben damals Arbeit in Westberlin gesucht, weil die Verdienstmöglichkeiten dort besser waren. Sie haben selbst Fahrzeiten von zwei Stunden in Kauf genommen. Mein Vater, der Ende 1948 aus der französischen Kriegsgefangenschaft gekommen ist, hatte gelernt und gearbeitet bei der Firma Gottfried Puhlmann, Zehlendorf, und hat nach der Rückkehr wieder bei dieser Firma angefangen als Steinsetzerpolier. Das ist eine Straßenbaufirma, die gibt es heute noch. Als ich vor einiger Zeit mal in Wannsee war, habe ich dort die Bauwagen mit der Aufschrift Gottfried Puhlmann gesehen. Mein Vater ist 1956 gestorben, 51jährig. Die Firma, bei der er ein angesehener Arbeiter war, hat meine Mutter noch eine Weile finanziell unterstützt. Das fand ich sehr anständig.

Ich war 1955 aus der Schule gekommen, nach acht Jahren Grundschule, davon habe ich die ersten Jahre in unserem Ort Emstal gelernt, in unserer Schule gab es nur zwei Klassenräume, einen für die erste bis vierte Klasse, den anderen für die fünfte bis achte. Dann bin ich nach Lehnin in die Zentralschule, da mußten wir früh entweder mit dem Fahrrad fahren, das sind ca. drei Kilometer, oder mit dem Schulbus.

Außer Landwirtschaft hatte unser Ort nur noch Wald, aber der war groß und pilzreich. Meine Großmutter war eine fleißige Sammlerin. Leider ist diese ganze schöne Pilzgegend ausgedehnten Truppenübungsplätzen zum Opfer gefallen, die später von der Bundeswehr übernommen wurden. Aber damals bin ich als Zwölf-, Dreizehnjähriger mit meiner Oma sammeln gegangen, die Pilze haben wir zum Teil in unserer Sammelstelle abgegeben, es gab dafür nur wenig Geld. Zwei- bis dreimal in der Woche bin ich dann mit zwanzig, dreißig Pfund Pilzen nach Wannsee zum Wochenmarkt gefahren, fünfzehn Kilometer mit dem Fahrrad bis Beelitz-Heilstätten, von da fuhr ein Vorortzug nach Wannsee, und wenn man aus dem Bahnhof rauskam, links auf so 'nem Hügel, da standen schon die Händler und haben auf die Pilze gewartet, die sie für viel Geld verkaufen konnten. Wir haben nur Ostmark bekommen, da habe ich ein paar Matjesheringe mitgenommen, die aßen meine Mutter

und meine Großmutter sehr gern, aber sonst wurde das Geld zusammengehalten, denn ich mußte für ein Fahrrad sparen, ich hatte noch kein eigenes. Das habe ich mir dann von meinem Pilzgeld angeschafft.
Ich habe dann im Lokomotivbau „Karl Marx" in Babelsberg Dreher gelernt, und da ich keinen Platz im Lehrlingswohnheim bekam, mußte ich also praktisch täglich mit dem Fahrrad fünfzehn Kilometer bei Wind und Wetter, und dann 35 Minuten mit dem Vorortszug zur Arbeit fahren. Es war gang und gäbe, weil die große Masse der Lehrlinge aus dem Potsdamer Raum kam, daß sie mit der S-Bahn nach Westberlin ins Kino fuhren. Am Potsdamer Platz gab es Kinos, in denen man für fünfundzwanzig Pfennig Ost die ganzen Horrorfilme und Western sehen konnte. Natürlich hat es auch bei mir gejuckt, mal solche Filme zu sehn, ich habe es auch einmal gemacht, aber ich hatte striktes Verbot von meinem Vater, dort rüber zu fahren und mir Filme anzusehen. Nicht aus politischer Sicht, denn mein Vater war absolut, sagen wir mal, unpolitisch in dieser Frage, er kannte nur Arbeit, aber er hatte irgendwie seine Prinzipien, und wenn der vom Betrieb einen Brief bekommen hätte, ihr Sohn schwänzt die Lehre, um im Westen ins Kino zu gehn, das hätte ich nicht überstanden, glaub ich. Mein Vater war ein herzensguter, aber auch sehr strenger Mann. Ich kann mich erinnern, einmal habe ich mit meinem Schulfreund bei dessen Opa Erdbeeren geklaut, was heißt, geklaut, wir haben uns dort sattgegessen, und der Opa hat das sofort meinem Vater brühwarm erzählt, und als ich nach Hause kam, bekam ich eine anständige Tracht Prügel.
Die Lehre habe ich 1957 beendet, habe als Sechzehnjähriger ein möbliertes Zimmer bekommen in Drewitz, das heißt, ich hab dort die Woche über gewohnt. Dann bin ich umgezogen, zu einer Frau, die immer rübergefahren ist nach Westberlin, um sauber zu machen. Das haben damals viele gemacht, wir nannten das Scheuerlappengeschwader. Meine Mutter war nach dem Tod meines Vaters allein zu Hause, wir hatten ein bißchen Ackerland, acht Morgen, da mußte ich helfen, Kartoffeln buddeln, Heu machen, Roggen mähn, meine großen Brüder waren schon aus dem Haus, also meine Mutter hatte niemanden, nur mich. Sie war ohne jegliches Einkommen, so daß ich mit meinem wenigen Geld meine Mutter unterstützte. Und 1958 bin ich dann ins Stahl- und Walzwerk Brandenburg gegangen, da konnte ich zu Hause wohnen. Was bekam ich denn, wenn ich fünfhundert Mark im Monat verdiente, dann war das viel. Damit lebte ich mit meiner Mutter. Darum war auch unser Verhältnis besonders innig gewesen, denn wir haben alles gemeinsam gemacht. Was ich immer brauchte, weil ich ein sehr kontaktfreudiger Mensch bin, ich brauchte immer Menschen um mich,

deshalb war ich auch bei uns oft in der Dorfkneipe. Was sollte man sonst tun? Fernsehen gabs nicht, 'n alten Rundfunkapparat hatten wir gehabt, wir Jugendlichen haben uns manchmal getroffen und Tischtennis gespielt, war ganz ordentlich, aber wie gesagt, die meiste Freizeit war ich doch in der Kneipe, Kartenspielen undsoweiter. Und dann kam aus dem Stahlwerk Brandenburg, ich weiß nicht, war er von der Gewerkschaft oder war es der Parteisekretär, jedenfalls mußte ich mehrfach zu einem Gespräch, wo man mir klarmachen wollte, daß ich doch zu den bewaffneten Organen gehen sollte. Wie gesagt, ich hatte keine politische Motivation in dieser Richtung, aber unter Menschen zu sein, das hat mich gereizt, und ich war nicht abgeneigt gewesen. Das haben sie wohl gemerkt, und dann haben sie mich immer wieder geholt. Ich hab gesagt, ich möcht' zu den Panzern gehen, haben sie gesagt, fürn Panzer biste zu groß, dann hab ich gesagt, ich möchte zur Bereitschaftspolizei. Ach, haben sie gesagt, solche Leute wie dich brauchen wir an der Grenze. Kann man da auch 'n Hund kriegen, fragte ich. Ja, kriegste auch 'n Hund, sagten sie, ich hab nie einen gekriegt. Ich hab mit meiner Mutter gesprochen, sie hat gesagt, Junge, das mußte wissen, was du machst, von mir aus kannste. Ich war siebzehn Jahre.

Im Februar 1959 bin ich eingezogen worden und habe in Ludwigsfelde einen Einweisunglehrgang mitgemacht. Exerzierausbildung, Gefechtsausbildung, das war mehr oder weniger eine allgemeine Ausbildung als Soldat. Da merkte ich, daß ich gar nicht so hinterm Mond lebte, ich wußte doch eine ganze Menge, ich habe ja täglich Nachrichten gehört, beide Seiten gehört, und da wußte ich natürlich relativ gut Bescheid und konnte im Politunterricht Fragen beantworten, die andere nicht beantworten konnten. Die wußten zum Teil nicht mal, wer der Staatspräsident war.

Meine erste Dienststelle war Groß-Glienicke, Reservegrenzkompanie, die mußte damals den Berliner Außenring sichern. Zwei- bis dreimal in der Woche ging die Alarmklingel, da hieß es, Waggon, das war das Codewort dafür, daß irgendwelche sowjetischen Soldaten abgehaun waren. Da hatten wir dann Zwölfstundendienst, bis die wieder eingefangen waren. Wir haben mit sowjetischen Soldaten zusammen Grenzdienst gemacht. Man brauchte nur der Nase nachzugehn, wo es nach Machorka roch, da saßen welche und drehten sich ihre Zigaretten aus Zeitungspapier und Machorka, und dann hieß es, Towarisch, nu, auch drehn. Also ich habe nicht geraucht, ich habs mir bis heute nicht angewöhnt. Die sowjetischen Posten standen bis zu sechsunddreißig Stunden, da kam dann ein LKW vorbeigefahren, hat Stücke Speck und trocken Brot runtergeworfen, das haben die dann teilweise auch noch mit uns geteilt, also die hatten es nicht leicht gehabt.

Neben dem Einsatz bei so ’ner Lage war die Hauptaufgabe das Wache stehn. Oktober 59 wurde ich Gefreiter, das war schon ein Dienstgrad, da warn sie alle stolz drauf. Ich stand gerade als Wachposten, da kam die Ablösung und sagte, heute wurde ’n Befehl verlesen, du bist jetzt Gefreiter. Dacht ich, das ist ja schön. In der Kompanie sagte keiner was, nach drei Tagen bin ich dann zu meinem Zugführer gegangen und hab gesagt, ich hab gehört, ich bin Gefreiter geworden. Naja, sagte der Oberfeldwebel, wenn die es sagen, wirds schon stimmen. Ich kriegte meine Schulterstücke und dreißig Mark mehr Sold. Und dann wurde ich als Wachhabender eingesetzt. Da kam ein sowjetischer Soldat und sagte, nun, deine Genosse charascho, meine Genosse schlecht, trapp-trapp. Das hieß, ihm war der Posten nach dem Westen abgehaun.
In diesem Objekt gabs eine Unteroffiziersschule. Ich dachte, wenn du drei Jahre machst als Freiwilliger, kannste auch fünf Jahre machen als Unteroffizier, und so bin ich im Januar 1960 auf diese Schule gegangen. Das war eine sehr harte Zeit. Ich war immer schon etwas beleibter gewesen, und darum war ich als Gehilfe des MG-Schützen eingeteilt und mußte immer die schweren Trommeln tragen. Ich habe mir geschworen, nie wieder im Leben wirste ’ne Schule besuchen. Wir haben Märsche gemacht bis fünfzig Kilometer, und wenn man zurückkam, setzte sich ’ne Kapelle vorneweg, und dann marschierte man mit Musik rein ins Objekt, das werde ich nicht vergessen, das war ein dolles Gefühl gewesen. Da gabs dann so die Wettmärsche, gruppenmäßig, als Zielprämie wurde ein Rundflug über Berlin ausgesetzt, und unsere Gruppe hat dann mal gewonnen. Wir sind mit der IL 14 fünfzehn Minuten über Berlin geflogen, das war ein Erlebnis. Zum ersten Mal geflogen.
Die Schule habe ich mit sehr gut absolviert. Ich kam wieder zurück zur Reservegrenzkompanie, aber nach vier Wochen wurde ich in die Unteroffiziersschule zurückgeholt, als Ausbilder. Da erlebte ich dann auch den 13. August 1961. Irgendwie merkte man, es fahren immerzu LKWs, aber man wußte nicht, was gespielt wurde. Heute würde ich sagen, es wurden damals Betonpfähle rangefahren, aber da bekamen wir sehr wenig mit in dieser Richtung. Und den 13. habe ich verschlafen. Früh kam unser Politstellvertreter rein und rief, wollt ihr nicht aufstehn, die ganze Welt steht Kopp, und ihr liegt hier inne Betten, heute Nacht wurde die Grenze zugemacht. Das war natürlich ein Schock, aber ich muß auch sagen, wir fanden das in Ordnung, denn was sich da abgespielt hatte an der Grenze, die ganzen Schiebergeschichten, es war Zeit, daß damit Schluß gemacht wurde.
So, und dann waren wir als Schule teilweise mit eingesetzt, die Grenzpfähle zu setzen, ich war in Hennigsdorf, im Raum zwischen Teltow und

Schönefeld. Dann wurde ich gefragt, ob ich nicht zur Offiziersschule will. Ich hatte von Schule die Nase voll, aber da haben sie mir gesagt, ich hätte die Möglichkeit, die mittlere Reife nachzuholen. Mir fehlte doch eine ganze Menge Wissen. Wie war es denn in der Schulzeit, für Schularbeiten war immer wenig Zeit, ich mußte raus auf'n Acker, mußte Arbeiten, also ich bin damals über die Note befriedigend kaum hinausgekommen. Und da dachte ich, warum sollste nicht die mittlere Reife noch machen. Da bin ich dann im Oktober 1961 zur Offiziersschule nach Frankenberg gekommen, da war die erste Zeit nur Allgemeinbildung, also Mathematik, Chemie, Physik, Russisch undsoweiter, das habe ich erstmal gemacht und bekam meinen Abschluß, mittlere Reife. Und dann begann die Ausbildung als Offiziersschüler, das war eine Mot.-Schützen-Schule der Landstreitkräfte.
Mit mir im Zimmer wohnte so'n Kleener, der war aus Schwerin, und der zeigte mir ein Bild. Da war seine Freundin drauf und so 'ne große Schwarze. So, und da fragte ich, was macht'n die? Sagt er, die arbeitet als Köchin. Kannste mir nicht mal die Adresse geben? Ja, sagte er, die kann ich dir geben. So, und dann habe ich da hingeschrieben und überraschend habe ich Post zurückgekriegt von Bärbel, und sie hat gleich geschrieben, ich denke doch, daß du in der FDJ bist, da können wir uns mit Du anreden. Das war 1962 im Februar. Von da an haben wir uns geschrieben. Ich bin dann mal über Berlin nach Hause gefahren, da hatten wir uns verabredet, Datum weiß ich noch ganz genau, das war am 8. April 1962. Sie wohnte in Berlin in einem Ledigenwohnheim, sie war aus Güstrow. Als wir in Schöneweide ankamen, da stand die Kleene und die Große. Für mich war das alles ziemlich aufregend, ich hatte bis dahin kaum Kontakt mit Mädchen gehabt. Wir haben dann nur kurz gesprochen und uns für den nächsten Tag verabredet. Ich bin nach Hause gefahren, hab meiner Mutter gesagt, ich muß nochmal nach Berlin. Junge, haste 'ne Freundin? fragte sie. Ich sagte, naja, hab mir dann mein Motorrad geschnappt, das war 'ne Sport-Awo damals, und bin nach Berlin gefahren, zu diesem Wohnheim. Sie wurde 19 an diesem Tag. Und wir haben die ganze Nacht in ihrem kleinen Zimmer verbracht und wußten nicht so recht, was wir anfangen sollten. Da haben wir sieben bis acht Flaschen Wein getrunken, und dann habe ich sie am nächsten Tag mit nach Hause genommen. Das war Liebe auf den ersten Blick.
Meine Mutter fiel aus allen Wolken. Junge, ich hab gar nicht richtig saubergemacht. Die Nachbarn, alles guckte, was bringt denn der für eine mit. Das war Ostern, da war auch Tanz. Ich hatte damals auf der Offiziersschule auch so'n Tanzkurs mitgemacht, also, ich würde sagen, das Tanzen, das konnt ich recht gut, wir tanzen heute noch sehr gern. Daraus ist praktisch dann unser gemeinsames Leben geworden.

Die Offiziersschule für Grenzer ist dann 1963 in Plauen gegründet worden, da habe ich dann meinen Abschluß gemacht, mit einem Vierteljahr Unterbrechung. Ich habe mit einem Magengeschwür im Krankenhaus gelegen. Das hatte mit Nervosität zu tun gehabt, ich bin doch der Typ, der viel schluckt, damals wars ja so, daß jeder Vorgesetzter seine eigenen Vorstellungen hatte, da gab's dann diese Reibereien, und das ging mir sicher auf den Magen. Das ist aber gut verheilt. Im August '64 kam ich aus der Schule, zum Unterleutnant ernannt durch den Minister für Nationale Verteidigung.
Dann bin ich zurück nach Berlin, da haben sie mich nach Wilhelmshagen ins Grenzausbildungsregiment geschickt. Doch es hieß gleich, ich brauche die Sachen gar nicht auszupacken, ich muß wieder nach Groß-Glienicke. Nun war ich verlobt, meine Verlobte in Berlin, und da bin ich an meine Vorgesetzten herangetreten und habe gefragt, kann ich nicht in Berlin bleiben? Naja, da wurde ich nach Hohen Neuendorf versetzt, das hatte S-Bahn-Verbindung nach Berlin. Ich wurde als Zugführer in der Grenzkompanie eingesetzt. Das war eine sehr interessante Zeit. Ich war voller Ehrgeiz, hatte 24 Mann unter mir, und ich habe im Prinzip rund um die Uhr mit meinen Soldaten gelebt, war zum Frühsport schon da, und beim Grenzdienst in drei Schichten, ich war kaum mal zu Hause bei meiner Verlobten im Wohnheim.
Es gab damals wenig Grenzdurchbrüche, ich hatte mit meinem Zug dort keine größeren Vorkommnisse. In dieser Zeit dominierte die psychologische Kriegsführung. Alle paar hundert Meter standen auf Westberliner Seite diese Schilder, auf einem war der grüne Kragenspiegel des Grenzers und die Frage, warum sieht der Berliner rot, wenn er grün sieht? Was sagten die Soldaten dazu? Einige sagten, das ist schon so, wenn ich in der S-Bahn fahre, setzt sich keiner zu mir, oder beim Tanzen, die Mädchen haben nicht mit uns getanzt. Es hatte schon Wirkung, was die da ranschrieben. Auf den zweiten Mann kommt es an, oder: Erfolge der DDR trotz SED. Also da gabs ständig diese Provokationen, die auf die ganz jungen Leute zielten. Das ging vom Guten Tag bis zur Beschimpfung, euch müßte man alle aufhängen. Wir hatten ja nur einen Maschenzaun, noch keine Mauer, und das war gar nicht so einfach. Man wurde gesehen und hat die andern gesehen und durfte keine Miene bewegen. Mädchen zogen sich für billiges Geld nackend aus oder zeigten ihre Brüste, da bleib mal ruhig als junger Mann, das war nicht so einfach in dieser Richtung. Aber ich kenne keinen Fall, wo sowas Erfolg gehabt hat. Sicherlich auch, weil es Trotz auslöst. Wenn junge Wehrpflichtige zu uns kamen, mit Vorbehalten oft, wenn die dann unmittelbar den Grenzdienst erlebt hatten, da entstand eine echte Motivation. Ich habe oft in Foren auf Fragen antworten müssen, was macht ihr denn

da, wenn ihr provoziert werdet? Ganz einfach, sagte ich, nichts machen wir. Wir haben uns nicht provozieren lassen. Gerade in den letzten Jahren gab es ja zum Tag des Mauerbaus oder zum 7. Oktober am Checkpoint Charly immer größere Provokationen, und wer das gesehn hat, wie dort unsere jungen Grenzsoldaten ungeschützt gestanden haben, mit Bierbüchsen beworfen, angespuckt wurden, und die haben sich nicht hinreißen lassen zu unüberlegten Handlungen, was ja die Zielstellung war, das hat doch auch bei Leuten hier viel Respekt gebracht. Mir ist nicht bekannt, daß es von unserer Seite aus Beschimpfungen gegeben hat. Im Gegenteil. Ich war eine Zeitlang in Schildow als Stellvertreter des Kompaniechefs eingesetzt, dort war der Zusammenhalt mit der Bevölkerung ohne Beispiel. Die Frauen haben für uns Kuchen gebacken und uns Obst aus ihren Gärten gebracht, und wir haben ihnen zum Frauentag gratuliert undsoweiter, es war eine der schönsten Zeiten in der Zusammenarbeit mit der Bevölkerung.
1968 gab es an der Offiziersschule ein Absolvententreffen. Dort hatte ich ein Gespräch mit dem Berliner Stadtkommandanten Generalmajor Poppe über meine Situation. Ich wohnte nun in Berlin, wir hatten 1964 geheiratet und 1965 eine Altbauwohnung im Prenzlauer Berg bekommen, aber zum Dienst mußte ich nach Hohen Neuendorf. Poppe sagte, das muß doch 'ne Möglichkeit geben, daß du nach Berlin kommst. So, und das war dann so, mit einem Mal rief mich der Regimentskommandeur zu sich, paß auf, du sollst am 11. März, das Datum vergesse ich nicht, zur Aussprache beim Stadtkommandanten sein. Ich hab dir nischt gesagt, aber du sollst Adjutant werden. Ich kam zur Aussprache mit weichen Knien, der Kaderoffizier mit meinen Akten dabei, das erste Mal in meinem Leben war ich bei einem General.
Wissen Sie, was Sie bei mir sollen?
Das weiß ich nicht.
Sie soll'n bei mir Adjutant werden. Können Sie sich darunter was vorstellen?
Hab ich gesagt, aus Büchern und Filmen.
Den Adjutanten von früher, sagte er, den gibts bei uns nicht.
Wir haben uns dann unterhalten, das ging so 'ne halbe Stunde, ich sollte mir das überlegen. Im Prinzip brauchte ich nicht mehr viel zu überlegen, das war wie ein Fünfer im Lotto. Der Kadermann sagte, paß auf, deine Akten habe ich gar nicht gebraucht.
Am 1.6.1968 wurde ich Adjutant beim Berliner Stadtkommandanten, als Leutnant. Man mußte natürlich erstmal dort Fuß fassen. Ich mußte meine grüne Uniform ausziehn, mußte die Mot.-Schützen-Uniform anziehn, mit weißen Kragenspiegeln, das fiel mir damals gar nicht so leicht.

Der Stadtkommandant war auch verantwortlich für die Berliner Grenzsicherung, aber sein Aufgabenbereich war größer. Gleich am ersten Tag waren wir zur Besichtigung auf dem Übungsplatz in Streganz, und da der General Poppe ein leidenschaftlicher Jäger war, sind wir gleich am ersten Abend auf Jagd gegangen. Ich hatte Stiefel an, die haben so geknarrt, er sagte, paß auf, wenn du weiter solche Stiefel anziehst, brauchen wir miteinander nicht mehr auf Jagd zu gehn. So, und dann haben wir gesessen, er saß oben auf dem Hochstand, ich auf der Leiter, und da stand nun'n Rehbock, der General schoß, und ich sollte beobachten, ob er getroffen hat. Ich hab natürlich nischt gesehn, weil mir das Fernglas vor Schreck hochgerutscht ist, da hab ich den ersten Anpfiff gekriegt. Der Kraftfahrer wurde dann rangeholt, und der sagte, Waidmannsheil, Genosse General, da wurde mir mein zweites Vergehen klar, ich hätte auch Waidmannsheil sagen müssen. Das war ein doller erster Tag. War auch'n doller Mann. Leider ist er mit 53 Jahren an Kehlkopfkrebs gestorben. Der hat es fertig gekriegt, kommt zu meinem 30. Geburtstag zu mir nach Hause, bin ich der letzte? Nee, Herr General, der erste. Da hat der mich in meinem Wohnzimmer zum Hauptmann befördert. Einer hat mal zu mir gesagt, für deinen General würde ich barfuß in' Krieg marschiern.
So, und dann geschah etwas, was für meine ganz politische Einstellung von Bedeutung gewesen ist. Der Mord an dem Grenzsoldaten Egon Henninger. Der war im Potsdamer Raum Kraftfahrer bei den Grenztruppen und ist erschossen worden von einem Grenzverletzer. Der Egon Henninger war aus Saalfeld, wir sind runtergefahren, der General Poppe hatte die Trauerrede gehalten, die Feier fand statt in so 'ner Stadthalle, die war voller Leute, Angehörige, sicher auch Neugierige, aber das Eindruckvollste für mich war, von dieser Trauerhalle bis zum Friedhof, das waren etwa so zwei Kilometer, durch ganz Saalfeld durch, standen die Menschen Spalier. Ich hatte die Aufgabe, hinter dem Fahrzeug mit dem Sarg in einem Auto mit der Frau von Egon Henninger zu fahren, die war schwanger. Wir sind unmittelbar hinter dem Sarg gefahren, und die dort am Straßenrand standen, waren voller Trauer und Mitgefühl. Auf dem Friedhof habe ich dann die Mutter festhalten müssen, die wäre beinahe ins Grab gestürzt, also ich werde das nicht vergessen, das war sehr ergreifend.
Ich hatte schon 1962 als Offiziersschüler erlebt, daß der Unteroffizier Reinhold Huhn, der auch in Berlin ermordet wurde, in seinem Heimatort Adorf beigesetzt wurde. Wir wurden da als Offiziersschüler hingeschickt, drei Mann aus Berlin. Der Reinhold Huhn ist von einem Westberliner erschossen worden, als der durch einen Tunnel gekommen war und der Unteroffizier ihn kontrollieren wollte. Da gab's keinen

Prozeß, obwohl sicher bekannt war, wer der Mann war. Das war genauso bei Unteroffizier Egon Schultz, der ja in der Brunnenstraße auch durch einen erschossen wurde, der dann in der Zeitung abgebildet war: Ich habe den Vopo erschossen. Es gab ein Ermittlungsverfahren, doch drei Wochen später wurde mitgeteilt, daß das Verfahren eingestellt wurde.
Egon Schultz und auch der Unteroffizier Peter Göring, der 1962 ermordet wurde, dienten in dem Regiment, das ich dann später, im Jahre 1982, als Kommandeur übernahm. Peter Göring ist in der Scharnhorststraße von Westberliner Polizisten erschossen worden. Seine Mutter kam regelmäßig in die Kompanie, ich lernte sie dann auch kennen, das war am 20. Todestag von Peter Göring. Wenn sie kam, sie wurde von allen Mutter Göring genannt, dann brachte die selbstgebackenen Kuchen mit, die kam aus Dresden, wenn die in die Kompanie kam, hat der UvD ihr Meldung gemacht: Mutter Göring, ich melde dir, keine Vorkommnisse. Das war sehr bewegend für mich. Einige von der Kompanie haben ihr die ganze Wohnung renoviert. Ich habe Mutter Göring zum letzten Mal beim 40. Jahrestag der Grenztruppen 1986 gesehn, das war eine Festveranstaltung, und da bin ich dann hingegangen und habe sie zum Tanzen aufgefordert.
Heute fragt man sich natürlich, warum mußte diese Grenze sein, die soviel Leid gebracht hat? Die Grenztruppen machen ja nicht das Grenzregime. Das wird festgelegt von Regierungen und hängt ab vom Verhältnis der Staaten zueinander. Die Grenztruppen sind diejenigen, die das auszubaden haben in dieser Richtung, die müssen ihren Kopf hinhalten, und ich muß heute sagen, durch die verfehlte Sicherheitspolitik unserer ehemaligen Partei- und Staatsführung wurde das natürlich besonders zugespitzt. Diese Verbote, Westsender zu hören und zu sehen, diese Angst vor Westkontakten, was hat das in den Familien für Komplikationen gegeben. Man durfte nicht an Jugendweihefeiern teilnehmen, wenn die Verwandtschaft von der anderen Seite dabei war, das war so übertrieben, daß da Freundschaften, ich will nicht sagen, zerbrochen sind, aber sie waren belastet. Da ich ja Vorgesetzter vieler Unterstellter war, habe ich dafür gesorgt, daß bei mir nie einem Nachteile entstanden, wenn er berichtet hat, daß es zu solchen Kontakten gekommen ist. Er wurde aufmerksam gemacht, es gab ja einen Befehl dazu, aber es wurde nicht weitergemeldet.
Als Gorbatschow das erste Mal in der DDR war, hat er auch das Brandenburger Tor besucht, ich war dort als Leiter der Sicherung eingesetzt. Ebenso, als der amerikanische Präsident Ronald Reagan da war, Mister Gorbatschow, reißen Sie die Mauer ein. Ich muß mal sagen, das war schon beeindruckend, wie die westliche Seite sowas absichert, als nämlich auf dem Reichstag die ganzen Scharfschützen aufgezogen

sind. Wir hatten Lautsprecher aufgefahren, um mit Musik das Spektakel zu überspielen. Reagan stand ja hinter einer kugelsicheren Glaswand, aber es gab keine Vorkommnisse. Gorbatschow, als er am Brandenburger Tor war, hat ins Gästebuch eingeschrieben, er dankt den heldenhaften Grenztruppen, die durch ihren Dienst undsoweiter die Sicherheit in Europa gewährleisten. Das ging natürlich wie ein Ruck durch unsere Reihen, das hat uns motiviert, unsere Aufgaben noch besser zu erfüllen. So, das war 1986. Und drei Jahre später war es seinem Wirken zuzuschreiben, daß die Mauer fiel.
In den letzten Jahren nahmen die Angriffe auf die Staatsgrenze natürlich enorm zu. Dann kamen die Ausreisen über die Botschaften, das hatte ja nun '89 seinen absoluten Höhepunkt erreicht. Sicher, da hat man sich schon die Frage gestellt, warum, warum verlassen soviele Menschen unsere Republik. Man hat das immer noch aus der Sicht gesehn, daß die Beeinflussung durch den Westen sehr groß ist, das kann man ja auch nicht verschweigen, es wurde ja direkt aufgefordert, so wie man jeden Grenzdurchbruch, der gelungen ist, als Riesenerfolg ausgeschlachtet hat, das hat eine enorme Sogwirkung erzeugt. Und wenn mal ein Signalgerät ausgelöst wurde, dann wurde das gleich als Schußwaffengebrauch hochgespielt, auch wenn gar nichts passiert ist.
Natürlich kam im Laufe der Zeit die Erkenntnis, daß es auch innere Ursachen für diese Massenflucht geben mußte. Wir hatten in der Familie, bei uns sind ja alles Arbeiter, auch viele Gespräche über die ganzen Probleme in den Betrieben, es gab da heftige Diskussionen, daß was geändert werden müßte. Auch wenn es hier soziale Sicherheit gab, zog doch das Geld, alle wollten besser leben. Wo ich den ersten richtigen Zweifel bekam, das war im September, Oktober '89 in Dresden. Da war ich auf einem Lehrgang an der Militärakademie - ich hatte ja dort studiert und mein Diplom als Militärwissenschaftler gemacht - und damals war gerade die Zeit, wo die Züge mit den Ausreisenden von Prag über Dresden geführt wurden. Zu Anfang hab ich mir gesagt, das ist an und für sich richtig, das so zu machen, aber es war ein großer politischer Fehler, denn man hat das ja gesehn, was sich in Dresden auf dem Hauptbahnhof abgespielt hat. Ich hab mir das am nächsten Tag mal angesehn, wie das da aussah, die zertrümmerten Scheiben, das aufgerissene Pflaster, die abgebrannten Fahrzeuge, und dann solche Szenen, daß da ganze Familien mit Kindern die Gleise blockiert haben, um den Zug aufzuhalten, da möchte ich gar nicht mehr dran denken. Ich bin dann abends durch die Stadt gegangen, da gab's in der Kreuzkirche einen Gottesdienst, und ich sah, wie doch viele Menschen da hingingen, und als die Glocken läuteten, ich muß mal sagen, jeder Glockenschlag, das war ein Schlag ins Herz für mich. Das tat weh. Und da wurde mir bewußt,

die ganze Entwicklung ist nicht mehr aufzuhalten. Am 4. November war die große Kundgebung in Berlin, wir hatten Informationen, daß an diesem Tag die Entscheidung fallen wird, so oder so, weil doch größere Aktionen gegen die Staatsgrenze befürchtet wurden. Es gab bei uns nie den Gedanken, mit Gewalt vorzugehen, und es war beeindruckend, wie friedlich diese Kundgebung verlief. Wir waren in Einsatzbereitschaft und haben das alles am Bildschirm verfolgt, wir waren alle heilfroh, als sich alles friedlich auflöste und es nicht zur Konfrontation gekommen ist.
Am 9. November haben wir die Pressekonferenz mit Schabowski verfolgt, die Führungskräfte saßen zusammen, und wir haben uns gefragt, was machen wir nun. Wir machen gar nichts, sagten wir, erst abwarten, was in dieser Richtung kommt. Gegen 22 Uhr standen dann Tausende am Grenzübergang Bornholmer Straße, und da sind dann die ersten rüber, zentrale Entscheidungen gab's keine, also entscheide du. Ich bin so gegen 23 Uhr in die Dienststelle gefahren, da waren auch schon an anderen Übergangsstellen viele rüber, und es stand die Frage, was wird mit dem Brandenburger Tor. So gegen Null Uhr dreißig bewegten sich größere Gruppierungen die Linden entlang, da waren auch viele aus Westberlin, und ich muß sagen, es gab auch hier keine Überlegung in der Richtung, Gewalt anzuwenden. Rechts und links zur Seite treten, keinen Schuß abgeben, das stand für uns fest. Da spielten sich dann Szenen ab, die ganze Mauer vor dem Brandenburger Tor war besetzt, die war ja so breit, daß ein Auto da drauf hätte langfahren können. Als die Offiziere, die unmittelbar dort standen, zurückkamen, ich muß mal sagen, die waren total konfus, die fühlten sich betrogen, hinters Licht geführt. Mit denen war nicht mehr zu reden. Für sie war der Sinn ihres Berufslebens, ihre Ehre, ihre Würde zerstört.
Von da an hatten wir erhöhte Einsatzbereitschaft, rund um die Uhr. Ich war Erster Stellvertreter des Kommandeurs. Von Westberliner Seite wurden dann Fahrzeuge rangefahren, mit Ketten, um die Betonelemente einzureißen. Am 11. November, ich hatte früh den Kommandeur abgelöst, war mir klar, wenn jetzt nicht politische Entscheidungen getroffen werden, dann geht hier alles drunter und drüber. So gegen halb elf kriegte ich einen Anruf vom Chef der Grenztruppen, Generaloberst Baumgarten, mit der Aufgabe, mich um 14 Uhr mit dem Polizeipräsidenten von Berlin West zu treffen. Das muß ausgegangen sein vom damaligen Regierenden Bürgermeister Momper. Für mich war das schockierend, denn wenn es bisher Kontakte gab, dann mußte das gemeldet werden, jedes Wort wurde festgelegt, was da gesagt wird, und wie man sich verhalten muß, und diesmal nur, ich hab mich mit dem zu treffen. Ich wußte nicht mal, wer der Polizeipräsident ist, ich wußte nicht

den Namen, nicht, wie er aussieht. Es ist mir dann gelungen, ein Foto von dem Herrn Schertz zu beschaffen. Ich machte mich nochmal bißchen frisch, rasierte mich, wir hatten festgelegt, das am Checkpoint Charly zu machen, ich bin also um dreizehn Uhr hingefahren, ich hatte einen Kellner mitgenommen und Kaffee dort vorbereitet, in einem Raum, und dann kam die Presse, das Fernsehen, auch der Rundfunk war da undsoweiter. Um zehn vor zwei fuhr dann die große Limousine vor, und ich hab den Polizeipräsidenten begrüßt, er hat sich erkundigt, wer ich bin, und ich hab ihm dann gedankt für den Polizeieinsatz vor dem Brandenburger Tor, daß dort einigermaßen Ruhe in dieser Richtung einzog. Naja, und dann kam es praktisch zum Gespräch, das hat ungefähr eine Stunde gedauert, war ein sehr angenehmes Gespräch, und seit diesem Augenblick wurde das Zusammenwirken der Westberliner Polizei und der Grenztruppen auf eine ganz neue Stufe gestellt. Ich sag mal wirklich, es gab ein Miteinander, keine Feindlichkeit, es wurde alles abgesprochen, zur gegenseitigen Sicherheit in dieser Richtung. Der Herr Schertz hatte dann die Bitte geäußert, daß eine Direktverbindung zum Volkspolizeipräsidium hergestellt wird, was nicht in meiner Verantwortung stand, und daß die Möglichkeit geprüft werden sollte, am Brandenburger Tor einen Grenzübergang zu schaffen. Es ging dann noch um allgemeine Probleme, wir haben gemeinsam ein Bier getrunken, Kaffee getrunken, und der Herr Schertz hat dann anschließend in einem Interview betont, daß es ein sehr sachliches, konstruktives Gespräch war. Ich hab das auch über den Berliner Rundfunk gesagt.
Es gab dann noch mehrere Absprachen, und besonders erinnere ich mich an die Eröffnung der Grenzübergangsstelle am Brandenburger Tor am 22. Dezember 1989. Der Kommandeur hatte seinen Urlaub angetreten, ich mußte abends ins Rote Rathaus zu einer Besprechung beim Oberbürgermeister Krack, denn nach dem Dresdener Gespräch Modrow-Kohl war ja klar, daß am Brandenburger Tor eine Grenzübergangsstelle geschaffen wird. Die Vorschläge wurden dazu dann erarbeitet.
Es war eine enorme Aufgabe, die da vor uns stand, materielle Voraussetzungen mußten geschaffen werden, Technik besorgt undsoweiter. Da gab es auch wieder ein Zusammentreffen mit der Westberliner Polizei. Ich muß sagen, soviel Presse habe ich nie zuvor auf einem Haufen gesehn, jeder wollte nun wissen, wann geht's endlich los. Die Arbeiten wurden ordnungsgemäß durchgeführt, gegen ein Uhr dreißig wurde das erste Element aus der Mauer rausgenommen. Sat 1 hatte ja die ganze Nacht über Originalbilder gezeigt, und als dann unser verantwortlicher Leiter durchs Tor ging und Westberliner Polizisten die Hand gereicht hat, da hatte ich ein Gefühl der Erleichterung, daß alles so abgelaufen

war. Es gab ja die ganze Zeit Massen von Schaulustigen, und man wußte nicht, ob da nicht auch Störenfriede bei waren.
Um 15 Uhr sollte die symbolische Eröffnung sein durch Kohl und Modrow. Unsere Angehörigen hatten rund um die Uhr gearbeitet, Pioniere, auch andere, selbst unsere Offiziere haben mitgearbeitet, also die haben bis zum Umfallen geschuftet. Mein Sohn war auch dabei, als Diensthabender. Wir haben dann alles geschafft, und es hatte sich eine derartige Menschenansammlung auf beiden Seiten konzentriert, da wurden die Absperrungen hinten aufgelöst, und Tausende strömten in den Raum vor dem Tor, ich dachte, hoffentlich wird da nichts mehr gestört, wie kriegen wir denn nun den Ministerpräsidenten Modrow und die begleitenden Persönlichkeiten da vor. Es hat auch noch fürchterlich geregnet. Ungefähr um 14 Uhr 45 kam dann Hans Modrow. Ich hab ihm gemeldet, Herr Ministerpräsident, ich melde die Bereitschaft zur Öffnung der Grenzübergangsstelle Brandenburger Tor. Er hat sich bedankt, und dann haben wir ihn mit Müh und Not durch die Massen gekriegt, und ich muß sagen, das, was ich da erlebt habe, war sehr beeindruckend. Frauen sind auf den Modrow zu, haben den abgeknutscht, ältere Menschen haben gesagt, Hans, wir danken dir, wir arbeiten, auf uns kannste dich verlassen und so, es gab keine negative Reaktion. Und als wir dazu kamen, ein paar Worte zu wechseln, da sagte er, ist doch besser so als wenn sie mit Steinen auf einen werfen. Diesen Satz werde ich auch nicht vergessen. Er ließ noch seinen Stellvertreter suchen, den Lothar de Maiziere, der sollte dabeisein, ich hab einen Offizier losgeschickt, und dann haben sie den auch gefunden. Wir sind vorgegangen, und auf Westberliner Seite kam der Bundeskanzler und der Regierende Bürgermeister, alle haben sich begrüßt, und damit war für mich die Aufgabe erstmal erledigt. Als die durchgegangen waren durchs Brandenburger Tor, stürmten dann rechts und links die Massen derartig über die Absperrung, da gab's keine Grenze mehr, da gabs nur noch ein Menschenknäuel bis hin zur Siegessäule. Ich stand einen Augenblick mutterseelenallein, da hat mir eine ältere Frau auf die Schulter geklopft und gefragt, na, freuen Sie sich denn auch? Ja, habe ich gesagt, ich freue mich auch.
Aber dann hat man weit und breit, Tag und Nacht nur das Pickern gehört. Die Mauerspechte. Das ging mir so wie mit dem Glockenläuten in Dresden. Bis in meine Träume haben mich diese Geräusche verfolgt. Obwohl alles klar war, daß es nicht anders ging, es war für mich trotzdem schlimm. Das ging mir alles an die Nieren. Der Regierende Bürgermeister Momper war übrigens der einzige, der uns Dank ausgesprochen hat, von unseren Vorgesetzten war keine Anerkennung zu hören, die waren alle mit sich selbst beschäftigt.

Am 1. Mai 1990 wurde ich Kommandeur des Grenzkommandos Mitte. Unser General war in Ruhestand gegangen. Und am 11. Mai im Ratszimmer des Roten Rathauses hatte der Amtierende Bürgermeister Hartenhauer den Dank ausgesprochen, daß alles gut abgelaufen war am 1. Mai, auch Angehörige der Westberliner Polizei waren dabei. Naja, und dann war noch ein Höhepunkt der symbolische Abriß der Mauer am 13. Juni in der Bernauer Straße. Da war ich dabei, und auch, als de Maiziere mit Diepgen in der Charlottenstraße noch mal so einen symbolischen Einriß der Mauer veranstalten ließen. Das waren so Situationen, die mein weiteres Leben prägen werden. Die berufliche Laufbahn war zuende, wie es weitergeht, das wußte man nicht. Damals hatte ich den innerlichen Wunsch, wenn ich gekonnt hätte, ich hätte innerhalb von 24 Stunden die ganze Mauer weggerissen. Das war die Erkenntnis, es gibt kein Zurück mehr, die Geschichte hat entschieden, und nun ist jedes Stück Mauer zuviel.

Am 27. Juni war dann Verteidigungsminister Eppelmann an der Grenzübergangsstelle Drewitz. Alle wußten, daß am 2. Juli, dem Tag der Währungsunion, Schluß ist mit der Grenze und mit unserem Berufsleben. Trotzdem hat sich keiner was anmerken lassen. Das hat den Eppelmann gewundert. Er hat wohl erwartet, daß die sich alle beklagen werden. Wir haben ihm gesagt, das ist eben das Ergebnis unserer Arbeit mit den Menschen, so haben wir sie erzogen. Zum Abschied sagte er mir: Meine Hochachtung, Herr Oberst. Ich habe auch eine Urkunde von ihm, da steht drauf, daß er mir für 31 Jahre treue Pflichterfüllung dankt. Das heißt doch, er hat diese Grenze respektiert? Alles sehr widersprüchlich.

Für den Vorruhestand war ich nicht alt genug, mir fehlten fünf Monate. Damit war ich in die Arbeitslosigkeit entlassen. Das muß man erstmal verkraften, das stundenlange Warten auf dem Arbeitsamt, und neben dir stehen deine ehemaligen Mitstreiter. Ein verfehltes Leben? Das will ich nicht sagen. Ich bin in der DDR großgeworden, bin durch sie was geworden, ich konnte mich entwickeln. Daß ich auf vieles verzichten mußte, steht auf einem anderen Blatt. Meine Frau hat alles mit mir getragen, die Nächte, in denen das Telefon klingelte, die Vierundzwanzigstundendienste, diese ganzen Strapazen. Wir sind mit allem hier gewachsen gewesen, und ich möchte keinen Tag missen.

Klaus K., Jahrgang 1938

Oberstleutnant a.D.

Über 33 Jahre war ich bei der Armee. Heute, wie soll ich das sagen, bin ich ehemaliger Offizier, der mit 52 Jahren zu alt ist für eine Umschulung, also ich gehe mit meiner Frau in einer Großbäckerei saubermachen. Das ist kein Beruf, sondern eine Tätigkeit, Reiniger. Mit uns zusammen arbeiten Türken, Kurden, Jugoslawen. Auf dem normalen Arbeitsmarkt ist in meinem Alter kaum noch eine Chance, sich wieder eine gesicherte berufliche Entwicklung bis zum Rentenalter aufzubauen. In der sozialen Marktwirtschaft ist diese Altersgruppe nicht mehr gefragt. Man kann sich auch nicht mehr selbständig machen, denn wer gibt einem noch Kredit?

Die Situation ist ja die, daß nur der Starke die Chance hat, auf diesem Markt zu bestehen. Es wird also eine ganze Generation aufs Abstellgleis geschoben. Dabei bin ich der Meinung, daß gemäß den Zielen der Vereinigung, ein einheitliches Deutschland mit 'ner starken Wirtschaft aufzubaun, man doch den größten Teil des Menschenpotentials, was noch arbeitsfähig, gesund, lernwillig ist, benötigen dürfte. Aus dieser Sicht verstehe ich nicht, warum Menschen, die Lebenserfahrung und Reife einbringen könnten, auch Berufserfahrung - ich habe mal Dreher gelernt, bin dann zur Truppe gekommen, und 'ne Truppe zu führen, zu organisieren, planmäßig Anforderungen zu erfüllen, das stellt doch 'ne ganze Menge Ansprüche an die Persönlichkeit. Ich mußte mir ja das, was ich geworden bin, erarbeiten, ich habe die Militärakademie in Dresden besucht, das sind doch Dinge, die geraume Zeit kosten, und nun soll das alles umsonst gewesen sein?

Leute wie ich haben ja einem Regime gedient, wir waren Träger einer Ideologie, von der man heute nichts mehr wissen will. Aber letztlich hat doch diese Generation Soldaten in dem Bewußtsein gearbeitet, für Leben, Gesundheit, Fähigkeiten vieler Menschen verantwortlich zu sein, wir haben es gelernt, Menschen zu Leistungen zu motivieren. Und solche Generation heute vollkommen auszuklammern, ist das nicht ein Produktivitätsverlust für die Gesellschaft? Zumal in unseren neuen Bundesländern der Aufschwung erst noch kommen muß, damit sich der Lebensstandard der Bevölkerung ihren Wünschen gemäß entwickelt.

Naja, jetzt bin ich Reiniger, bis ich was anderes gefunden habe. Wir machen die Betriebsräume sauber, den Maschinenpark, 'ne reine

Dienstleistungstätigkeit, um in diesem Betrieb den Produktionsfluß zu gewährleisten. Man muß ja irgendwie noch tätig sein, sonst kommt man vollkommen von der Rolle weg, man braucht Kontakt zu anderen Menschen und muß am Ende jedes Tages das Gefühl haben, man hat was geschafft. Daran waren wir als DDR-Bürger immer gewöhnt. An und für sich hatte ich mal den Wunsch gehabt, Militärflieger zu werden. Das scheiterte daran, daß ich kein Abitur besaß. Und da bin ich erstmal ins Motorenwerk Johannistal gegangen und habe Dreher gelernt. Eigentlich war ich mit der Arbeit zufrieden, die Auftragsbücher des Betriebes waren voll, mit mir ist der überwiegende Teil der Lehrlinge im Betrieb geblieben.
Ich komme aus einem Elternhaus, in dem von Politik keine Rede war. Meine Eltern lagen in Scheidung, gerade zu der Zeit, als ich den Facharbeiterabschluß machte. Der ist dann auch entsprechend ausgefallen, denn natürlich war es eine ziemlich belastende Situation für meinen Bruder und mich, daß die Eltern auseinandergingen. Mein Vater hat dann wieder geheiratet, er hat uns gefehlt. Wir sind bei der Mutter geblieben und haben unseren Beitrag geleistet, daß sie existieren konnte. Zu meinem Vater gab es seit der Scheidung keine Beziehungen mehr. Unsere Mutter hat es verstanden, uns soweit zu bringen, daß wir auf eigenen Beinen stehen konnten. Innerhalb des Betriebes gab es eine Sektion der Gesellschaft für Sport und Technik, speziell Motorsport. Ich habe mich natürlich für Motorräder interessiert, selbst konnte ich mir keins kaufen, und in der GST konnte ich meine Fahrerlaubnis 1 machen, für Motorräder. Ich habe mich in dieser Organisation wohlgefühlt, wir hatten gemeinsame Erlebnisse in der Freizeit, und das ist für junge Menschen eine wichtige Sache.
Dann bin ich zur Bereitschaftspolizei gegangen. Ich habe selbst erlebt, wie die offene Grenze in Berlin ausgenutzt wurde, wieviel Schiebereien und Spekulationen es gab aufgrund des Währungsgefälles, was da über die Grenze nach Westberlin geschoben wurde, kann sich heute keiner mehr vorstellen, tonnenweise Lebensmittel, Fotoapparate, Ferngläser, das brachte natürlich Versorgungsprobleme für die hiesige Bevölkerung. Sie hat Leistungen gebracht, um ihren Lebensstandard zu verbessern, und die andere Seite profitierte durch den Wechselkurs eins zu vier bis eins zu sechs erheblich davon. Da reifte in mir damals der Gedanke, daß ich dazu beitragen möchte, dem einen Riegel vorzuschieben. Diese Zustände waren nicht gesund. Meine Einkünfte als Dreher, zwischen 600 und 900 Mark im Monat, reichten nicht aus, mir im Westen Geld umzutauschen, abgesehen davon, daß mir sowas nicht lag.
So, und da bin ich dann 1957 in Berlin-Niederschönhausen in die vierte VP-Bereitschaft gekommen. Sie hatte einen bestimmten Abschnitt an

der Sektorengrenze, um dort für Ruhe und Ordnung zu sorgen und die Kollegen vom Zoll zu unterstützen. Das waren sporadische Kontrollen, aber es war erstaunlich, was da zutage gefördert wurde. Es ist gelungen, doch einiges zu verhindern. Damals hatte ich zum ersten Mal im Leben eine Waffe, die Ausrüstung war Pistole und Polizeiknüppel, beides habe ich nie benutzen müssen. Natürlich waren manche wütend auf uns, wenn wir sie kontrollierten. Einmal hat mir ein Mann an der Bornholmer Brücke seinen ganzen Tascheninhalt vor die Füße gekippt, so entrüstet war er, aber der hat das dann auch alles selber wieder eingesammelt, ich hab nicht daran gedacht, mich für ihn vielleicht noch zu bücken. Wir waren ja nach dem Polizeiverwaltungsgesetz ausgebildet und wußten, wie weit man gehen kann, und es lag nicht in unserem Interesse, die Leute aus dem Gleichgewicht zu bringen, daß sie ausgerastet sind. Der Dienst war zeitlich anstrengend, denn es waren am Tage immerhin elf Stunden, nachts über dreizehn Stunden. Es gab einen Dienstrhytmus, nach drei Stunden hatte man eine Stunde Auslösezeit, wurde mit dem LKW zum Stützpunkt gefahren, um was zu essen und zu trinken, mein Stützpunkt war auf dem Hof des Postamtes in der Eberswalder Straße. Während des Postenstehens durfte man nicht essen, nicht trinken, nicht rauchen, nicht die Notdurft entrichten, darum gab es eben diese Stützpunkte.

Wir waren auch eingesetzt bei Absperrungen, wenn Bomben aus dem Zweiten Weltkrieg gefunden wurden, teilweise mußten Häuser geräumt werden, mit den Bürgern mußte gesprochen werden, zum Glück haben unsere Munitionsbergungskommandos ihr Fach verstanden, bei solcher Arbeit irrt man sich nur einmal. Auch bei Fußballspielen waren wir eingesetzt, in Sportstadien.

Ich habe als Polizeianwärter angefangen und habe mich dann bis zum Hauptwachtmeister weiterentwickelt, nachdem ich eine Polizeischule in Rahnsdorf besucht hatte. Diese Berufswahl habe ich eigentlich nicht bereut. Man hat Menschenkenntnisse gesammelt, Lebenserfahrung, man war auch körperlich konditioniert. Ich wohnte immer noch bei meiner Mutter, und ich verdiente weniger als ich in meinem Beruf als Dreher verdient hätte. Angefangen habe ich mit 280 Mark. Also wenn Leute dachten, der zieht die Uniform an, weil er mehr verdient und weniger arbeiten muß, dann wußten sie nicht, wovon sie redeten. Es war ein sehr anstrengender Beruf, wo man oft auch zusätzlichen Dienst machen mußte, zum Beispiel auf dem Berliner Weihnachtsmarkt, wo ja damals auch allerhand passierte, bis hin zu Schießereien. Da blieb nicht viel Freizeit. Die meisten von uns waren ledig. Wenn man die Polizei heute sieht, die haben bessere Arbeitsbedingungen, obwohl die Belastung auch heute sicher sehr groß ist.

1960 wurde die Bereitschaftspolizei umformiert in das Sicherungskommando Berlin. Ich habe dann im Abschnitt Nord Dienst getan, der ging los am Tegeler Fließ. An und für sich wollte ich nur eine befristete Zeit bei der Polizei bleiben, drei Jahre bis 1960, uns wurde anheimgestellt, ein Jahr zu verlängern. Naja, und dann kamen die Ereignisse des 13. August, und da stand es absolut nicht mehr zur Debatte, aus dem Dienst auszuscheiden. Wir haben damals nicht mehr in der Kaserne geschlafen, ich wohnte bei meiner Mutter, und da wurde ich dann früh alarmiert, so gegen fünf Uhr, mein Motorrad stand in der Dienststelle, da hat mich mein Bruder zum Stützpunkt gefahren. Es waren viele Fahrzeuge unterwegs. Kampfgruppen auf LKWs, und als ich dann am Stützpunkt war, das war nahe der Bernauer Straße, da sah ich den Stacheldraht, der quer über die Straße gespannt war, also die Grenze war zu.
In den Folgetagen gab es kaum noch eine Ablösung, es entstanden kritische Situationen, wir waren fünf, sechs Mann in der Brunnenstraße, und von der anderen Seite kamen vierhundert Mann auf uns zu, da mußten wir verhindern, daß sie die als Staatsgrenze deklarierte Linie überschritten. Das war nicht einfach, aber wir haben die Situation gemeistert. Die Westberliner Polizei hatte bestimmte Vorsichtsmaßregeln eingeleitet, um Konfrontationen zu unterbinden. Das ist nicht immer gelungen, dann mußten wir Sperrketten bilden, es wurden Steine geworfen, da wurden auch Westberliner davon getroffen. Auf jeden Fall war es für uns einleuchtend, daß diese Grenze sein mußte, denn es waren ja auch militärische Aktionen vorbereitet, um die Lage vollkommen zu verändern, aus dem kalten Krieg einen heißen Krieg zu machen, die Gefahr bestand.
Es kam dann die Situation, daß wir abends als Angehörige der Volkspolizei ins Bett gegangen sind und morgens als Angehörige der Nationalen Volksarmee aufwachten, ohne daß der Einzelne gefragt wurde. Dann war ich nicht mehr Hauptwachtmeister, sondern Feldwebel. Die Grenztruppen gab es damals noch nicht, sondern die Deutsche Grenzpolizei. Aber wir gehörten nicht dazu, sondern zur NVA. So, und da sind dann die Grenzsicherungsanlagen errichtet worden, sie wurden von Angehörigen der NVA gebaut, unterstützt von den Kampfgruppen, wir haben 15, 16 Stunden Dienst gemacht. Ich wurde zu einer Grenzabteilung versetzt, die war in Basdorf stationiert, das war ein langer Anmarschweg, wir sind mit LKWs gefahren, das war eine hohe zeitliche Belastung. Ich war Zugführer und hatte in der Kaserne ein Zweimannzimmer mit einem anderen zusammen. Mit 23 Jahren war ich für 30 Mann verantwortlich und mußte jedem gerecht werden.
Wir hatten zusätzlich Arbeitseinsätze zu leisten, dafür bekamen wir dann auch mal Karten für den Friedrichstadtpalast. Ich ging zu meinem

Vorgesetzten und sagte, wenn wir dahin fahren, dann brauchen wir für die Truppe anständige Uniformen, denn die sie hatten, die sahen nicht besonders gut aus. Es wurde ermöglicht, die Uniformen kamen, dann mußten die Hosen gebügelt werden, Jacken gebügelt, Kragenspiegel mußten angenäht werden, jeder hatte zu tun, bis wir dann auf unseren LKW stiegen und nach Berlin fuhren. Da konnten wir uns mal ein paar Stunden entspannen.
Zugführer war ich bis 1965, eine eigene Wohnung hatte ich immer noch nicht, ich habe in der Dienststelle gewohnt, es war ein sehr bescheidenes Leben. Dann kam ich in eine Ausbildungseinheit, es ging darum, es wurden die sogenannten schweren Kompanien bei den Grenztruppen aufgebaut. Heute kann man sich fragen, wozu brauchten wir ein Artilleriesystem? Da gab es PAK, rückstoßfreie Geschütze und Granatwerfer, 82 Millimeter, und dazu wurde ich mit auserkoren, also hieß es umschulen, Artillerist werden. So wurde ich eben Zugführer eines Granatwerferzuges, habe das nicht allzu lange gemacht. 1966 bin ich stellvertretender Kompaniechef einer Grenzkompanie geworden mit dem Dienstgrad Unterleutnant, lag in Schildow in einem Kasernenneubau, vollkommen neues Aufgabengebiet. Im gleichen Jahr wurde ich mit der Führung dieser Einheit beauftragt. Bis 1973 war ich Kompaniechef, bin dann nach Hohen Neuendorf gekommen, das waren schon die Grenztruppen. 1968 gab es ja die kritische Situation in der CSSR, da mußte meine Kompanie nach Zinnwald an die Grenze. Wir hatten einen Abschnitt von circa 43 Kilometern. Uns hat das überraschend ereilt, es hieß, große Inspektion, aber das war kaschiert. Wir mußten mit gemischter Rädertechnik auf die Autobahn Richtung Dresden. In Groß-Köris wurden wir erwartet von Regulierern, haben eine neue Order mit Parole und Kennwort bekommen, sind dann zu einer Raststätte gefahren, und dort bekam ich meine Aufgabe. An diesem 20. August hatte ich mich mit meiner Einheit in Pirna zu melden, ich bin gerade noch zeitgerecht hingekommen mit meiner ganzen Technik, obwohl wir in Dresden genau in den Berufsverkehr gerieten, mit circa 20, 23 Fahrzeugen.
Wir wußten nicht, daß unser Marschband aus der Luft überwacht wurde, durch Hubschrauber der NVA. Dann haben wir mitbekommen, daß es nicht um eine Inspektion ging, sondern um etwas Ernsteres. Man vertraute natürlich seinen militärischen Vorgesetzten, man hatte seinen Fahneneid geleistet, und letztendlich haben wir an unsere Gesellschaftsordnung geglaubt, so wie wir es gelernt haben. Die DDR hat ja zum Warschauer Vertrag gehört, und es gab Verträge bis hin zum militärischen Beistand. Wir sind damals davon ausgegangen, daß wir der tschechischen Bruderarmee zu Hilfe kommen mußten, um mit der Krise im Lande fertig zu werden. Wir sind ja nicht auf fremdem Territorium

tätig geworden, sondern hatten die Grenze zur CSSR zu sichern. Es war eine offene Grenze, es gab dort keine Sperranlagen. Wir hatten ein Feldlager im Wald aufzuschlagen, im Dunkeln, das war für mich nicht einfach, denn ich hatte die Verantwortung für Mensch und Technik.
In unserem Abschnitt gab es eine landwirtschaftliche Produktionsgenossenschaft mit großem Rinderbestand, die Tiere sind aus der Koppel ausgebrochen und rübergerannt, auf tschechisches Territorium, die Rindviecher. Die Bauern haben sie eingefangen und in ihre eigenen Ställe gebracht, die wollten sie nicht wieder rausgeben. Die Herde ist dann zurückgebracht worden, die DDR mußte dafür bezahlen. Das klingt heute lachhaft, aber sowas gab es eben. Wir haben alles getan, komplizierte Situationen zu meistern, auch bei der Rückführung von Ferienkindern der DDR aus der CSSR und umgekehrt. Die wurden an der Grenze regelrecht ausgetauscht, Kind für Kind.
Wir lagen dort ungefähr einen Monat, sahen die sowjetischen Fahrzeugkolonnen zurückkommen, stark demoliert, ein Major sprang aus dem Auto, riß sich den Kragen auf, daß die Knöpfe absprangen, und sagte: Endlich wieder zu Hause. Es gab dort keine Nacht, wo es nicht Verletzte und Tote gab. Man hätte damals schon Lehren ziehen müssen, aber man hat sie leider nicht gezogen.
Wir waren bei '73 stehengeblieben. Da reifte für mich eine neue Situation heran. Es ging um meine weitere militärische Perspektive, konkret, um einen Besuch der Militärakademie. Ich wäre lieber bei der Truppe geblieben, aber der damalige Kaderoffizier stellte mir die Frage, welche Qualifikation hast du denn überhaupt, du wirst ja nicht ewig bei der Armee bleiben. Ich hatte mein Facharbeiterzeugnis als Dreher, hatte an der Abendschule die zehnte Klasse nachgemacht, aber was ist ein Offizier ohne Offiziersschule? Es war vom Alter her eine der letzten Chancen, die Akademie zu absolvieren. Man mußte dazu eine Aufnahmeprüfung bestehen, dazu wurde Abitur benötigt. Das habe ich 1974 in Naumburg in relativ kurzer Zeit gemacht, Knüppelakademie, haben wir gesagt. Aber ich habe Spaß daran gehabt, Mathematik, Chemie, Physik nicht so, Russisch, das mußte man können, weil es ja die Kommandosprache im Warschauer Vertrag war. Das Abi habe ich mit Bravour bestanden, mit 35 Jahren als einer der Ältesten. Habe dann noch meine Sprachkundigenprüfung in Russisch gemacht, das möchte ich heute nicht nochmal machen müssen. Dann Direktstudium 1975 bis 1977 und habe abgeschlossen als Diplom-Militärwissenschaftler. Toller Beruf, heute nicht mehr gefragt. Dienstgrad war Major.
Danach wurde ich in Berlin eingesetzt, Stabsarbeit im Grenzkommando Mitte. Administrativer Dienst. Dort blieb ich bis zum Ausscheiden 1989. Die Akademie hätte ich mir sparen können. Da ich ledig war, konnte ich

bestimmte Dienststellungen sowieso nicht bekleiden, weil ich kein gesichertes Hinterland hatte. Das galt auch bei Ehescheidungen, sowas hatte Konsequenzen in der militärischen Laufbahn. Aus heutiger Sicht könnte man sagen, das war ein Mißtrauen gegenüber den eigenen Leuten, als ob man ohne Familie eher abtrünnig werden konnte. Ich weiß nicht, ob es in anderen Armeen auch so ist, bei uns war es jedenfalls so.

Man muß sich als Militär natürlich daran gewöhnen, daß die Vorgesetzten entscheiden, wo man gebraucht wird. In Dresden hatte es ein Kadergespräch gegeben. Ich sollte nach Königs Wusterhausen, da hätte ich eine höhere Dienststellung gehabt. Aber ich wollte nicht. Wäre ich da hingegangen, hätte ich nicht meine Frau kennengelernt, ich habe 1984 geheiratet, hab eine dufte Frau, aber wie das alles gekommen ist, soll die Edda selbst erzählen. Ich wollte damals in Berlin eingesetzt werden, weil ich mir vorgenommen hatte, mich um meine Mutter zu kümmern. Sie hat soviel für uns getan, wenn ich nur an die letzten Kriegstage und die Nachkriegszeit denke. Ich habe überhaupt Hochachtung vor den Leistungen dieser Generation. Sie haben unser Land aus den Trümmern gebracht, ohne Marshallplan. Es ging doch vorwärts, wenn auch sehr mühsam.

Die damalige sozialistische Staatengemeinschaft hat in ihrer Politik etwas verkehrt gemacht, absolut. Was die Wirtschaft angeht, auf jeden Fall. Falsche Politik. Abkapselung. Einen ganzen Staat einmauern. Ob es immer allein der Beschluß der DDR-Regierung war, ich wage es zu bezweifeln, da ja die DDR zum Warschauer Vertrag gehörte. Wir hatten die Mauer nicht alleine zu verantworten, so war es absolut nicht. Es ist nur sehr traurig, daß unsere ehemalige Partei- und Staatsführung der Bevölkerung des eigenen Landes nicht die Wahrheit gesagt hat. Das ist der große Betrug. Da kann man's noch weniger verstehen, daß man sich 'ne riesige Regierungsstaffel leistete nur mit Fahrzeugen aus dem kapitalistischen Ausland, daß man sich materielle Mittel ranholte, wo der normale Sterbliche in der DDR überhaupt nicht rangekommen ist.

Ich habe es nicht gewußt, daß in den achtziger Jahren, als die Videorecorder aufgekommen sind, ich hatte 'ne Schwägerin beim Deutschen Fernsehfunk, daß die da schon Winnetou-Kassetten überspielen mußten, die dann in die Waldsiedlung marschiert sind, ich habs nicht für möglich gehalten. Das waren so Dinge, die nicht in Ordnung waren.

Und dann die übertriebenen Sicherungsmaßnahmen zum 40. Jahrestag, daß da schon klar war, daß das Aus gesetzt ist, das war doch ein großer Verrat. Wenn man heute in der Zeitung liest, daß führende Funktionäre schon Anfang der achtziger Jahre wußten, daß es wirtschaftlich nicht

mehr lange geht, daß dieser Kredit, diese drei Milliarden, Schalck-Golodkowski – Strauß, daß das ja nur noch eine Frage des Hinauszögerns war, dann kann man das absolut nicht verstehen, daß dem Volk immer noch vorgegaukelt wurde, wir befinden uns auf dem ständigen wirtschaftlichen Aufstieg, das ist absolut nicht zu verstehn.
Die Situation nach dem 40. Jahrestag, wo wir praktisch aus dem Dienst nicht mehr rausgekommen sind, bis zum 9. November, wo von einer einheitlichen militärischen Führung absolut nichts zu merken war, Ratlosigkeit auf der ganzen Linie, da kann man nur sagen, daß wir uns hintergangen fühlten. Gesagt hat uns niemand was, wir mußten alleine handeln. Ich hatte Dienst und habe die Meldungen entgegengenommen, was sich an den Grenzübergangsstellen tut. Ich kann nur sagen, daß alle die, die dort zu entscheiden hatten, es richtig gemacht haben, die Grenze zu öffnen. Die Geschichte nahm ihren Lauf.
Ja, und was die Situation am Brandenburger Tor angeht, sie war nicht gefahrlos. Wenn da hunderte Menschen auf der Mauer gestanden haben, bestand die Gefahr, daß mal einer runterfällt. Da war ja auch Alkohol im Spiel. Ich habe einen Mann gesehen, der splitternackt von der Mauer auf unsere Seite runtergesprungen ist, unten lag alles voller Scherben, der ist auf dem gleichen Wege wieder auf die andere Seite befördert worden.
Das ging so die ganze Zeit, Tag und Nacht war was los. Dann schien sich die Lage zu entspannen. Wir hatten Leitern heranbringen lassen, und dann sind Angehörige der Grenztruppen auf die Mauer vor dem Brandenburger Tor gestiegen und haben die besetzt gehalten. Es mußte ja erstmal der ganze Müll beiseitegebracht werden. Dazu kamen Sicherheitsmaßnahmen der Westberliner Polizei, damit eine bestimmte Ordnung gewährleistet war und es zu keiner Konfrontation kam. Für mich war zu dieser Zeit alles nur noch eine Frage der militärischen Pflicht, denn mir war klar, daß dieser Staat keine Chance mehr hatte.
Heute ist alles Geschichte. Es war einmal.

Edda K., Jahrgang 1939

ehemals Stabfeldwebel der Grenztruppen der DDR

Frauen in Uniform waren in der DDR an und für sich nicht so üblich. Ich muß aber ehrlich sagen, ich habe stolz meine Uniform getragen. Ich bin 1964 zu den Grenztruppen gekommen. Davor habe ich verschiedene Arbeitsstellen gehabt. Ich stamme aus Mecklenburg, war seit 1953 Sekretärin, bin dazu gekommen durch eine Annonce. Angefangen habe ich beim Bezirksvorstand der Vereinigung der gegenseitigen Bauernhilfe als Schreibkraft, hatte mir an der Volkshochschule Stenografie und Schreibmaschine angeeignet.

Ich war das fünfte Kind zu Hause, Vater war Arbeiter, Mutter hat in der Landwirtschaft geholfen, wir haben uns so recht und schlecht durchgeschlagen, und ich als älteste mußte Geld verdienen. Mein Wunsch war es ja mal, Kindergärtnerin zu werden, aber meine Eltern haben sich, ich mach ihnen heute keinen Vorwurf daraus, um mich nicht so gekümmert wie ich mich um meine Kinder gekümmert habe. Sie konnten es damals auch nicht. Als ich mich mal gemeldet hab, mußte ich alleine hin zum Rat des Kreises, da war es natürlich schon zu spät, die Lehrstellen waren vergeben. Nun mußte eben sehen, wie du Arbeit kriegst.

Ich bin nach der 8. Klasse aus der Schule gekommen, damals ging das erst los mit der Zehnklassenschule. Wenn man so will, einfache Entwicklung, mir blieb nichts übrig, als Hilfsarbeiten zu erledigen. Meine Tante hatte damals im Büro gearbeitet, die war immer mein Vorbild, was sie macht, machste auch. Na, dann bin ich in Neustrelitz angefangen, beim VdGB, das war 'ne politische Massenorganisation der Bauern, ich war damals 14, bin von zu Hause aus nicht politisch erzogen worden. Mein Vater hatte es mir verboten, Mitglied der Pionierorganisation zu werden, Hände weg von Politik.

Aber ich war nun in dieser Arbeitstelle, und dort, wie es in allen Betrieben so war, durch Schulungen und Gespräche bin ich natürlich auch politisch motiviert worden, bin Mitglied der Freien Deutschen Jugend geworden. Ich habe mich als Schreibkraft sehr engagiert, weil ich ja vorwärtskommen wollte. Edda war Mädchen für alles, Sekretärin vertreten, Telefonistin, Post machen, naja, und dann ist eine von uns zur Kreisleitung der FDJ gegangen, die wurde dort Jugendinstrukteur, und die hat gesagt, Mensch, Edda, hier war ich immer noch Schreibkraft, kommst zu uns als Sekretärin.

Nun spielte auch der Verdienst damals eine Rolle, da mußte ich alles, was sich bot, mußte ich eben zugreifen, und dann bin ich zur Kreisleitung FDJ Neustrelitz, das war 1957. Praktisch mit der Entwicklung der DDR bin ich so groß geworden. Ich hatte die Möglichkeit mit Jugendtouristik ins Ausland zu fahren, und ich muß sagen, ich habe mich wohl gefühlt, hab überall Protokoll mitgeschrieben, bei den Kreistagen, Bezirkstagen, ich war überall die Jüngste, und irgendwie fühlte man sich, man wurde als junger Mensch sehr geachtet, vor allem, wenn man die Arbeit richtig gemacht hat.

Von der Kreisleitung kam ich dann zur Bezirksleitung der FDJ, auch als Sekretärin, damals noch in Neustrelitz, später wurde Neubrandenburg als Bezirksstadt aufgebaut. Ich hatte dann meinen ersten Mann kennengelernt, der war Schiffbauer, ich kriegte ein Kind, Krippenplatz gabs nicht, also mußte ich aufhören zu arbeiten. Diese Ehe währte nicht lange, ich wurde auf mein Drängen geschieden. Aber der Mann wohnte immer noch im Ort, und da gab es unschöne Begegnungen. Naja, das Kind hat meine Mutter behalten, zu den vier Kindern, die noch im Hause waren, ich hatte eine Schwester, die war neun Monate jünger als mein Sohn. In Mirow habe ich im Konsum eine Anstellung gefunden, wieder als Sekretärin, und man hatte mich auch im Jugendverband nicht vergessen.

1964 wurde das Deutschlandtreffen vorbereitet, und überall hatten die Bezirke Auflage, Arbeitskräfte zu delegieren. So kam ich zum zentralen Organisationsbüro in Berlin. Es ergab sich dann so, Arbeitskräfte wurden gebraucht, willste nicht hier bleiben in Berlin? Mein Chef vermittelte mich zur Nationalen Volksarmee. Das war eine uniformierte Planstelle, so nannte sich das. Ich wollte von zu Hause weg, man hat sich dafür eingesetzt, daß ich einen Kindergartenplatz bekam, ich konnte meinen Sohn nach Berlin holen, bekam eine kleine Wohnung, das spielte alles eine Rolle. Ich war als Unteroffizier eingestellt. Die Arbeit machte mir Spaß, im Kreis von Männern zu arbeiten, ich schreib gerne Schreibmaschine, meine Arbeit wurde auch anerkannt, und ich habe mich dann weiterverpflichtet. Im Rahmen der Dienstlaufbahnordnung wurde ich befördert, Unterfeldwebel, Feldwebel, Oberfeldwebel. Schießausbildung mußte ich nie mitmachen, ich bin zwar mal mit in den Schießkeller gegangen, zum Pistolenschießen, interessehalber, stand kein Muß hinter.

Mein zweiter Mann war Hauptfeldwebel, '67 haben wir geheiratet, '69 wurde mein zweiter Sohn geboren, '71 die Tochter, die Jahre waren sehr schwer. Ich bin bei der Truppe geblieben, weil man damals nicht einfach aufhören konnte und dann wieder reinkam. Ich hab mir gesagt, warum Dienstjahre verschenken, denn damit hing die Vergütung zusammen,

und außerdem hat mir die Arbeit gefallen. Der Dienst war anstrengend, manchmal hab ich meine Kinder mit reingenommen in die Dienststelle, die waren solange beim Diensthabenden, bis ich meine Arbeit geschafft hatte, es ging alles.
Die Ehe ist dann auch nicht gelaufen, mein Mann war Alkoholiker. Ich reichte die Scheidung ein, sie wurde erstmal ausgesetzt, weil wir beide keinen anderen Partner hatten. Es wurde nicht gerne gesehen, daß Ehen geschieden wurden, das Hinterland sollte sauber sein, wie es hieß. Gerade bei den bewaffneten Organen hieß es, ihr müßt Vorbild sein gegenüber anderen. Aber dann habe ich nach einem halben Jahr nochmal eingereicht, weil sich zu Hause, der wohnte da noch in der Wohnung, die Zwischenfälle so häuften, daß man mit den Nerven runter war. Unsere Ehre wurde geschieden, und ich hab mich mit meinen Kindern weiter durchgeschlagen. Er wurde dann versetzt.
Wenn ich heute sage, würdest du nochmal so leben wollen, ich habe es nicht bereut, bei der Truppe zu sein. Da habe ich schließlich auch meinen jetzigen Mann kennengelernt. Er war eingesetzt, Dokumente zu erarbeiten, das mußte ja alles auf Papier gebracht werden. Ich war noch im Regiment, aber wenn die da oben im Kommando, wenn da Not am Mann war, da gibt's ja noch die Edda. Ich war im ganzen Bereich bekannt. Nachnamen kannte kaum einer, ich war die Edda. Ich muß sagen, ich fühlte mich geehrt, wenn ich zu einem vorgesetzten Stab geholt wurde, um dort zu arbeiten, Dinge, die nicht jeder machen konnte, es war ja auch eine Vertrauensfrage. Ich war also in seinem Bereich eingesetzt, er saß neben mir, und wie war's da? Ich wußte, daß er noch ledig war, und als alleinstehende Frau ist das nicht immer angenehm, es gibt doch Situationen, daß dann viele denken, Mensch, die ist noch zu haben. Freiwild. Ich war nicht dafür, es entsprach nicht meinen Lebensauffassungen. Es kam vor, daß Anrufe kamen, Mensch Edda, willste nicht heute Abend, so Angebote. Da ist es dann angenehmer, wenn man einen Partner hat. Klaus war höflich, zuvorkommend, er hatte Erkundigungen über mich eingeholt.Dann fuhren wir nach Klink in ein Ferienheim, von seiner Gruppe aus, sympathisch war ich ihm, und man hatte ihn gedrängt, vom Kollektiv, Mensch, da ist doch die Edda, die paßt doch zu dir, auch einstellungsmäßig, das spielte ja eine große Rolle. In Klink hatten wir zusammen ein Zimmer, und ich sagte mir, na, probierste mal. So sind wir zusammengekommen, das war Anfang der achtziger Jahre.
Ich habe viel mit den Kindern unternommen, die Tochter war drei, der Sohn vier, der Große war dann schon 16 Jahre, ich muß sagen, wenn manche immer so gejammert haben, meine Kinder, meine Kinder, also ich hab immer Möglichkeiten gefunden, wenn mal ein Kind krank war,

dann hat 'ne Arbeitskollegin gesagt, Mensch, die Heike ist krank, und Edda muß arbeiten, also ich nehm sie. So ist immer mal jemand eingesprungen.

Und dann war es für mich ein Prinzip, ich war mit meinen Kindern immer unter Leuten. Ich habe ihnen dann erzählt, Mutti hat jemanden kennengelernt, Klaus kam zu uns nach Hause, und da sagte unser Großer, der heute sein Stolz ist, Mutti, der sieht aber noch gut aus, ich hab gedacht, du bringst so'n Alten. Naja, bei der Armee hieß es dann, du mußt deine Verhältnisse ordnen, er war Oberstleutnant, da hat dann selbst der General gesagt, wann wird denn nun geheiratet? Das wurde schon langsam peinlich. Wir hatten zum Glück nicht das Problem, daß die Kinder in ihm einen Störenfried sahen.

Meine Kinder waren beim Sport, Schwimmer, das entsprach ihren körperlichen Voraussetzungen. Der Junge ist 1,92, die Heike 1,74, Erbanlage vom Vater. Ich war froh, wenn sie im Trainigszentrum waren, da waren sie gut aufgehoben. Fast jedes Wochenende war ich mit ihnen zu Wettkämpfen unterwegs. Heute wird viel geschimpft über Dynamo und über den Leistungssport. Ich muß sagen, wenn die Kinder sich eignen, 'ne Zielstellung muß schon sein, es kostet ja auch unheimlich Geld. Mein Sohn war dann SV-Meister, also von der Sportvereinigung Dynamo, Brustschwimmen und Delphin, aber in den Schlagarten reichte es nicht. Er wollte zur Kinder- und Jugendsportschule, es tat weh, daß sie ihn nicht nahmen. Damit fiel für ihn das Schwimmen ins Wasser.

Tochter, die hat in ihrem Bruder das Vorbild gesehn, die wurde in der KJS angenommen, aber sie hatte keine Einstellung zum Training. Der Trainer lag ihr nicht. Andere haben das nicht so gezeigt, aber Heike war lahm im Training. Die Schule hat sich mit den Eltern immer beraten, wir sollten ja die Kinder motivieren. Die Heike war mit zum Wettschwimmen in Bratislawa und hat dort Plätze belegt, Medaillen bekommen, es gab einen kurzen Aufschwung, aber mit dem Trainer ging es nicht. Er war dann so'n bißchen rabiat und hat ihr verboten, zu trainieren, sie hat sich versteckt und zugeguckt, und ich habe dann gesagt, es hat keinen Zweck.

Dann gab's wieder 'ne Umformierung im Truppenleben, das gab's ja öfter mal, unser Regiment in Niederschönhausen wurde aufgelöst, ich kam nach Rummelsburg, habe Dokumente geschrieben, früh um sechs aus dem Haus, abends spät zurück, ich habe zu meinem Mann gesagt, hier bleib ich nicht lange. Habe dann ein Versetzungsgesuch geschrieben an den Vorgesetzten meines Mannes, ob dort Möglichkeiten eines Einsatzes sind, im Grenzkommando Mitte. So wurde ich Sekretärin beim Stellvertreter des Kommandeurs. Der aß gern, besonders Boulet-

ten. Wenn es ein geselliges Zusammensein gab, wurden von der Küche Bouletten gebraten, oder seine Frau hat sie ihm mitgegeben. Also die habe ich nicht gebraten, aber sonst habe ich alles gemacht.
Wenn ich heute Annoncen lese, was eine Sekretärin alles können muß, dann war ich die 26 Jahre bei der Truppe eine gutgestellte Schreibkraft. Gab es im Bereich was zu schreiben, hieß es, holt die Edda, damit es in Ordnung geht. Ich hab Fehler korrigiert, manche Sätze erstmal in richtiges Deutsch gebracht, obwohl ich doch nur Achtklassenschule hatte. Es kam sogar vor, daß der große Chef mich rief, Edda, komm her, mit'm Stenoblock. Seine Sekretärin war langsam.
Wir hatten unsere Schulung, GWW, gesellschaftswissenschaftliche Weiterbildung. Da sollten wir dann auch darlegen, wie verstehen wir, die Beschlüsse der Partei umzusetzen, wie stehn wir dazu. Als Armeeangehöriger war man ja Diener des Staates, also waren wir doch gezwungen, politisch zu denken, uns da reinzuversetzen, es in uns aufzunehmen. Meine Arbeit als Sekretärin hat das ja weniger berührt. Aber man hat sich doch die Frage gestellt, das kann doch nicht sein, es gibt einen Haufen Probleme in der Wirtschaft, das haben wir dann auch in der Schulung gesagt. Aber es kamen immer Ausreden, die Führung wird sich schon was dabei denken. Als Sekretärin hatte ich mich persönlich nicht groß zu äußern, ich mußte versuchen, im Interesse meiner Chefs zu arbeiten. Wir sind nie mit Computern in Berührung gekommen, das war bei uns nur einem bestimmten Personenkreis gestattet, nicht mal allen Offizieren. Devise war, du hast nur das zu kennen, was mit deiner Arbeit zusammenhängt, also bei mir - deine Schreibmaschine und die Kaffeemaschine.
Damit will ich nichts gegen das Arbeitsklima sagen. In der Armee gehört es sich, daß man Sie zueinander sagt. Aber zu mir sagten viele du, der General, Mensch Mädel, mein Oberst auch, und wenn keiner dabei war, habe ich ihn auch geduzt. Ich hab nie auf meinen Feierabend geachtet, 'ne gute Sekretärin verläßt als letzte das Büro. Meine Kinder waren ja schon größer, sie waren zur Selbständigkeit erzogen, durch ihren Sport brauchte ich auch nie Angst zu haben, daß sie auf die schiefe Bahn kamen. So verlief unser Leben, bis die Grenze geöffnet wurde. Dieser 11. November, da hab ich meinen Chef aufgeregt gesehn wie noch nie. Auch durch seine Beleibtheit, er war hochrot im Gesicht. Ich hatte mitgekriegt, daß auf der Direktleitung, da durfte man als Sekretärin ja nicht ran, mein Chef von seinem Chef Befehl bekam, sich mit dem Westberliner Polizeipräsidenten zu treffen.
Nun gings los. Die Uniform, welchen Schlips, verschiedene rausgesucht, die Schulterstücke, sitzen die richtig, ich hab ihm die Jacke gebürstet, alles fieberte mit. Und dann haben wir am Fernseher verfolgt,

wie alles ablief. Ich war stolz auf meinen Chef. Er hat das gut gemacht. Das war doch auch alles ungewohnt für ihn.
Es waren verrückte Tage damals. Die Zeit war angespannt, sehr angespannt. Vorher, diese massenhaften Ausreisen, wir waren immer in Bereitschaft, als Sekretärin, wenn der Chef dich braucht, mußt du dasein, ich hab mich damals überhaupt nicht aus dem Haus getraut. In der Nacht vom 9. zum 10. November, mein Mann war zum Dienst, wir hatten ja ein bestimmtes Alarmierungssystem, Schneeballprinzip, einer sagts dem anderen, da klingelt um zwei Uhr morgens das Telefon. Edda rein. Ja, ich angezogen, wie kommste nun hin? Nachts fährt keine U-Bahn. Ich durch Pankow gelaufen und seh' unterwegs, die Bürgersteige voller Autos, unter der Hochbahn die Autos, die Autos, was ist denn los? Westfernsehn war uns ja verboten, und man hat das auch gar nicht geguckt, da bin ich runtergetrabt die ganze Schönhauser. In Zivil, wir durften ja dann schon in Zivil zur Dienststelle kommen, haben uns dort umgezogen.
Ich versuchte, eine Taxe zu kriegen, bei Alarm mußte man mit allen Mitteln, also auch mit Taxe, ich kriegte keine, dann fuhr die Nachtstraßenbahn nach Lichtenberg, ich eingestiegen und wußte immer noch nicht, was war. Unterwegs stieg die neue Besatzung ein, Schichtwechsel, und die sagten, habt ihr gehört, was los ist? Wat denn? Na, die Grenze ist doch offen. Da wurde mir erst klar, warum ich zur Dienststelle mußte. Straßenbahn fuhr bis Lichtenberg, ich über die Brücke getrippelt bis zum Tierpark, da war das viertel Vier mittlerweile, zwei Stationen wieder mit der Straßenbahn, und dann bis Karlshorst gelaufen, da war ich zwei Stunden unterwegs. Ich hörte, Klaus ist da und da im Einsatz.
Damals kam mir noch nicht der Gedanke, daß die Grenze verschwindet. Uns selbst war es noch untersagt, nach Westberlin zu gehn. Wir wollten auch gar nicht, das war uns irgendwie unheimlich. Begrüßungsgeld holen? Wir sahen die Zivilbevölkerung, die kamen mit vollen Taschen aus Westberlin, wir sagten, wir gehen nicht, unsere Daten werden doch bestimmt erfaßt. Mein Sohn und mein Mann sind dann erstmal gucken gegangen, in der Wollankstraße. Wir hatten ja nie einen Personalausweis, nur Wehrdienstausweis. Dann wurden wir direkt angewiesen, unsere Personalausweise aus den Dienststellen mitzunehmen, da bekam man ja seinen Stempel am Grenzübergang. Mein Entschluß, überhaupt rüberzugehen und Begrüßungsgeld zu empfangen, hing dann damit zusammen, daß wir aus der Presse und dem Fernsehen mitbekamen, wie unsere Partei- und Staatsführung gelebt hat, daß nicht mal ihre Müllcontainer DDR-Produkte waren, weil ihnen das alles nicht gut genug war. Was die in Wandlitz eingekauft haben, einer vierzehn

Farbfernseher in einem Jahr, da hab ich gedacht, wir als kleine Leute, die man immer hingehalten hat, die dies nicht durften und das nicht durften, es hat uns ja eingeleuchtet, daß man keinen Kontakt haben durfte, das war ja in der BRD genauso, Polizisten, bestimmte Bundesbeamte durften auch keine DDR-Kontakte haben, und wir haben gesagt, jeder hat seine Bestimmungen, wenn man das nicht akzeptiert, hätte man den Dienst quittieren müssen, das wollten wir an und für sich auch nicht, man war solange bei und wollte nichts gefährden. Aber dann war für mich Schluß, wenn die so mit Westsachen gelebt haben, geh ich auch und hole mir die hundert Mark. Wir sind nach Weihnachten erst gegangen, da waren dann von der Dienststelle schon viele rübergegangen. Wir mußten uns regelrecht überwinden, besonders mein Mann, der selber diese Grenze mitgebaut hatte. Wenn dem jemand eine Weile vorher gesagt hätte, du wirst mal nach Westberlin gehn und saubermachen, den hätte er für geisteskrank gehalten.
Man hätte die Grenze schon früher aufmachen müssen, bevor die alle über Ungarn und die CSSR abgehauen sind, man hätte sich von Seiten des Staates etwas einfallen lassen müssen. Wenn wir ein vernünftiges Reisegesetz gehabt hätten, ich glaube nicht, daß soviele über die Botschaften geflüchtet wären. Uns wurde immer gelehrt, daß besonders qualifizierte Wissenschaftler, Ärzte und so weiter abgeworben wurden, die hier ihre Ausbildung genossen hatten, das war ja auch so, was uns das gekostet hat. Aber es sind auch viele hiergeblieben, und es wären noch mehr geblieben, wenn das nicht alles so überspitzt worden wäre. Wir durften als Angehörige der Grenztruppen nicht mal in bestimmte Bereiche des Bahnhofs Friedrichstraße. Normale Reisende, die einen Paß hatten, durften das machen. Aber die, die selber mit der Sicherung zu tun hatten, die durften das nicht. Mein Chef hat sich dann mal Zivil angezogen und hat sich das angesehen. Der sagte, du hast doch deinen Personalausweis, da hält dich niemand an. So war das bei uns. Mißtrauen bis zuletzt, gegenüber den eigenen Leuten.
Dann gab's einen Befehl, damals noch von Herrn Eppelmann, daß alle weiblichen Uniformierten zu entlassen sind. Ich war 50, wurde im Oktober 51, und die Dienstlaufbahnordnung sah vor, mit 50 Jahren, und ich hatte 26 Dienstjahre, stand uns Versorgung noch nach DDR-Maßstäben zu. Dann kam die Weisung, die Frauen könnten als Zivilbeschäftigte übernommen werden. Mein Chef fragte, Mensch, Edda, willste nicht bleiben? Ich hab gesagt, Herr Oberst, ich werde älter, die Grenztruppen bleiben nicht, dann werde ich arbeitslos und kriege Arbeitslosengeld als Zivilbeschäftigte, dafür habe ich dann die ganzen Jahre gearbeitet. Also bin ich ausgeschieden, war dann zu Hause, wir haben gesagt, wir müssen das erstmal alles über uns ergehen lassen. Wir

waren sehr deprimiert. Und dann war das ja so, daß viele ehemalige Offiziere eingestiegen sind in Versicherungen und alles solche Gesellschaften, die den kleinen Leuten das Geld aus der Tasche zogen. Das war nichts für uns. Einer kam uns dann mal besuchen, und der hat uns gesagt, daß er halbtags in einem Lager tätig war. Sag ich, Mensch, wenn du was hörst. Würdest du auch saubermachen? fragte er. Klar. Saubermachen mußte ich in unseren Dienststellen auch. Wo ich im Regiment war, hab ich den Staubsauger genommen, ich hab aufgewischt im Zimmer von meinem Chef, mein Mann war durch sein langes Junggesellenleben auch gewöhnt, alles selber zu machen, als Kompaniechef mußte er sein Zimmer allein saubermachen, das war so üblich.
Durch diesen ehemaligen Kollegen sind wir dann zu dieser Reinigungsfirma gekommen. Wir haben gesagt, wenn, dann machen wir das beide, braucht nicht einer alleine fahren. Und nun fahren wir jeden Tag nach Neukölln, mal mit'm Auto, mal mit dem Bus oder der U-Bahn. In der Firma sind viele Ausländer, billige Arbeitskräfte wie wir, und wir behaupten uns durch unsere Arbeit. Da meinte mal so'n Jungscher, die Ossis müssen erst arbeiten lernen. Wir haben denen bewiesen, daß wir das können, wir sehen die Dreckecken, und es wurde schon gesagt, so sauber wie jetzt war es in der Bäckerei noch nie. Das ist eine große Westberliner Firma, zur Zeit werden Stollen produziert, da steht drauf: Dresdener Christstollen. So wird das gemacht. Aber schmecken tun die.
Wir arbeiten auf Pauschale, zwei Stunden schwere körperliche Arbeit pro Tag, danach ist man durchgeschwitzt, aber man hat das Gefühl, was geschafft zu haben, man ist unter Menschen und hält sich körperlich fit. Wir sind keine hochtrabenden Leute, wir waren nie unbescheiden, wir hätten noch unseren Trabbi, wenn unsere Kinder nicht so groß geraten wären, wenn wir nach Mecklenburg gefahren sind, dann haben die zusammengequetscht da drinne gesessen und wußten nicht, wohin mit ihren Beinen. Also haben wir uns den Lada gekauft. Wenn manche Leute denken, der Mann war Oberstleutnant, die Frau Stabsfeldwebel, und nun gehn die saubermachen – na und? Wir sind uns für keine Arbeit zu schade.

Jörg W., Jahrgang 1957

Major a.D.

Nachdem ich wieder mal eine hausgemachte Krise hatte, geht es mir jetzt etwas besser, zumal ich mich ein bißchen freue, weil ich hoffe, bestimmte Dinge aus meinem Leben erzählen zu können, die ich bisher nur in meinem Kopf ausgetragen und noch nirgendwo erzählt habe.
Ich bin in Berlin geboren, in der Charite, damals waren meine Eltern Studenten, Vater hat Ökonomie studiert, Mutter irgendwas Gärtnerisches, sie war später im Handel tätig, Vater erst im Zentralrat der FDJ, später war er Mitarbeiter des Zentralkomitees der SED. Heute sind beide zu Hause, Vater ist arbeitslos, Mutter im Vorruhestand. Wir haben in Pankow gewohnt, und ich hab als Kind die Entwicklung genommen, die viele Kinder in der DDR genommen haben. Kindergarten, teilweise Wochenkinderheim, '64 in die Schule gekommen, ganz normal, später auf die Heinrich-Hertz-Oberschule, die Matheschule in Berlin, da ist nicht jeder hingekommen, nur solche verkrachten Existenzen wie ich und zehn Jahre vor mir Gregor Gysi, wir haben nichts miteinander zu tun, er kennt mich nicht, ich ihn nicht.
Naja, das eigentliche Problem war, daß ich in einem politischen Elternhaus aufgewachsen bin, alle Kinder eigentlich, wir waren vier, drei Jungs und ein Mädchen, ich bin der Älteste. Wir haben alle mehr oder weniger die übliche Entwicklung genommen, Pionierorganisation, FDJ, Partei, und wir waren mit dem Herzen dabei. Durch dieses vordergründige Beschäftigen mit der Politik ist dann irgendwann, jedenfalls bei mir, der Wunsch entstanden, Offizier zu werden. Ich bin nicht geworben worden, sondern es war mein Wunsch. Zuerst wollte ich aufgrund der Entwicklung in der Mathematikschule eigentlich mehr in den naturwissenschaftlichen Bereich bei der Armee, Raketentechnik oder irgendwas mit Computern, da hätte ich aber warten müssen, da war ein Überangebot an Bewerbern.
Es blieben noch übrig Panzer und Grenztruppen. Nun hatte ich aber mit Panzern, also mit maschineller Technik überhaupt nichts im Sinn. Ich wußte zwar ungefähr, wie sowas aussieht, aber es interessierte mich nicht. Ich war immer mehr theoretisch interessiert, zwei linke Hände. Da hab ich mir gedacht, gehste halt zur Grenze, haste vielleicht die Chance, nach Berlin zurückzukommen, was kann dir besseres passieren, zumal die gesamte Verwandtschaft in Plauen gesessen hat, wo die

Offiziershochschule gewesen ist. Also da fielen mehrere Gründe zusammen. Fünfundzwanzig Jahre hatte ich mich verpflichtet, absolvieren konnte ich ja nur vierzehn. Bis 1990. Von '76 bis '80 war ich vier Jahre in Plauen, davon war das erste Jahr 'ne Berufsausbildung, weil ich nur Abitur hatte, und damals mußte man als Offizier, als Sohn der Arbeiterklasse, wie es hieß, einen Facharbeiterberuf haben. Ich hab Maschinenbauer gelernt, Schlosser, war eigentlich interessant, in einer Werkzeugmaschinenfabrik, die zu dem Riesenkombinat „Fritz Heckert“ in Karl-Marx-Stadt gehörte. Und dann drei Jahre Offiziersausbildung. Während des Studiums hatte ich keinen Zweifel, daß es für mich der richtige Beruf war, höchstens gegen Ende, im Praktikum, als ich zum ersten mal selber an der Staatsgrenze gewesen bin. Das war im Juli '80 in Hennigsdorf bei Berlin, ein Monat, bevor ich Offizier geworden bin.
Der Alltag an der Grenze, das war etwas, was die Schule nie vermitteln konnte. Man kann zwar in Punkten auflisten, wie die Beziehungen zu Soldaten sein müssen, aber was zwischen einem Offizier und einem Soldaten während eines zwölfstündigen Nachtdienstes abläuft, wenn die zu zweit alleine sind, das kann einem kein Mensch erzählen, das muß man erleben. Und das hab ich dort erlebt. Es kann auch nicht die Vielfalt von Ereignissen und Einwirkungen vermittelt werden, die wirklich an der Grenze gegeben sind, von absoluter Ruhe acht Stunden lang, bis zu acht Stunden Überstreß, der dadurch entsteht, daß man auf bestimmte Ereignisse zu reagieren, eine bestimmte Maßnahme, eine Handlung einzuleiten hat. Und wenn sich das häuft, man jedesmal reagieren muß, dann entsteht Streß im höchsten Grade.
Ich muß sagen, aus heutiger Sicht ist es Glück, daß ich nie mit Grenzverletzern zu tun bekam, nie eine Festnahme einzuleiten hatte. Das einzige Vorkommnis, das mir mal in die Schuhe geschoben werden sollte, das passierte bei Bergmann-Borsig. Der Betrieb lag teilweise innerhalb des Berliner Grenzgebietes, und es gab bestimmte Sicherheitsvorkehrungen, unter anderem mußte der Versorgungszug der Reichsbahn mit Metall und Großgütern durch die Mauer durch, dazu waren prinzipiell zwei Mann nötig, weil das Tor mit einem Schloß gesichert war und das Gleis mit einer Gleissperre, und dazu hatten zwei Grenzer je einen Schlüssel. Der Zug kam immer pünktlich um zwölf Uhr mittags, das wußten alle, und um zwölf hatten die zwei Personen auch anwesend zu sein, damit jeder mit seinem Schlüssel aufschloß und der Zug durchfahren konnte. Ja, und dann stand ich den einen Tag da um zwölf, und der andere fehlte, der war nicht da. Ich bin um eins wieder abgezogen, weil Ablösung war, und der Zug stand zwei Stunden, und später stand ich bei meinem Politstellvertreter auf der Teppichkante und bin zusammengeschissen worden, weil Konrad Naumann, damals 1.

Sekretär der SED-Bezirksleitung in Berlin, einen Beschwerdebrief vom Betriebsdirektor über einen Millionenschaden wegen Nichtanlieferung von Material auf dem Tisch liegen hatte. Und ich als kleener Furzleutnant sollte diesen Schaden verursacht haben. Aber der andere, das arme Schwein von Feldwebel, der hatte den verursacht, das wurde dann auch so geklärt. Was dann geworden ist, weiß ich nicht, habe ich nie erfahren. Nach der Grenzkompanie bin ich nach Grünau, da war die Politschule der NVA, und bin dort qualifiziert worden ein Jahr lang als Politoffizier. Ich war rundum zufrieden das eine Jahr. Die Schule war zwanzig Minuten von zu Hause entfernt, ich wohnte bei meinen Eltern, regelmäßiger Dienst, und als es zum Abschluß ging, wurden junge Leute gesucht, die bereit waren, als Lehrer tätig zu werden. Politlehrer. Wie das so damals gewesen ist, entweder sagste Ja, oder es überzeugt dich jemand solange, bis du Ja sagst. So verlief das Kadergespräch, kann ich mich noch erinnern, na, ick habe Ja gesagt, wat solls. Ich war weg von der Grenze, diesen Gedanken habe ich damals schon gehabt. bloß weg von der Grenze. Warum, das sei jetzt mal dahingestellt, vermutlich, weil der Streß zu groß gewesen ist. An der Schule hatte man ein regelmäßiges Leben von7 Uhr bis 17 Uhr, danach waren ein paar Übungen, bißchen Dienst vielleicht, aber im Grunde ein regelmäßiges Leben. Ich bin eigentlich nicht sehr nervenstark, eher sensibel, aber die Armee hat mir ein gewisses Stehvermögen anerzogen, ich könnte nach wie vor meine 24 Stunden höchste Belastung heute noch aushalten, also das ist Training, Erziehung, Disziplin. Es gibt allerdings Situationen, da bin ich innerhalb einer Sekunde gänzlich auszuhebeln, aber das hängt mit meiner Krankheit zusammen, darauf komme ich noch.
1982 war ich an der Unteroffiziersschule der Grenztruppen in Perleberg, 'ne Kreisstadt, da habe ich drei Jahre Unteroffiziersschüler unterrichtet, in GML, Grundlagen des Marxismus-Leninismus, anders gesagt, dialektischer und historischer Materialismus. Die zweite Richtung war, die nannte sich FPA, Führung der politischen Arbeit, da wurde der Unteroffizier ausgebildet, wie er politische Prozesse zu führen hatte in seinem Verantwortungsbereich, also für seine acht oder zehn Soldaten auf der Ebene Grenzkompanie. Insgesamt ging es darum, daß sie sich Wissen aneignen sollten, politisches Wissen, handhabbares Wissen, daß sie den Gedanken- und Ideengehalt verinnerlichen sollten, aber das tut natürlich nur einer, der es verinnerlichen will, und nicht, weil er da so und soviel Stunden pro Woche hat.
Ne dritte Sache war, sie auch zu befähigen, ihre Überzeugung an andere weiterzugeben, das war natürlich das Schwierigste. Das konnten sicher nur die wenigsten, weil da viele Schranken existierten, und weil da vieles falsch war, aus heutiger Sicht betrachtet. Der Marxismus-Leninismus ist

so gut, wie derjenige Mensch ist, der ihn vertritt, und wie die Praxis dem auch entspricht. Achtzig Bände Marx, die sind nicht gut und nicht schlecht, das ist Bücherwissen, das wird erst lebendig durch Menschen, die heute leben, nicht vor hundertfuffzig Jahren. Und das war so'n Fehler, einer der Grundfehler, die ich auch gemacht habe. Wir haben die Sprüche von dem Marx eingekloppt und die Prüfungen auch abgefordert, aber heute frage ich mich, wozu muß ein junger Mensch Marx auswendig kennen. Wenn er daran Freude hat, schön. Der Marx hat ja viele kluge Sätze geschrieben. Aber das Wichtigste ist der menschliche Gehalt, der in den Ideen von Marx steckt, den zu verinnerlichen, das haben wir ja nicht gemacht. Die haben ja meistens nur gesagt, der Marx hat geschrieben, da und dort, Seite 162, und wer den Wortlaut konnte, der warn'n guter Schüler.
Nun war das allerdings bei mir so, ich bin mit den Schülern menschlich sehr gut zurechtgekommen. Wenn Probleme existierten, die sind zu mir gekommen, haben sich mit mir unterhalten, über alles mögliche. Nicht über unglückliche Liebe, das nicht, weil sie wußten, daß ich da auch nur Bücherwissen von mir geben konnte und keine Erfahrungswerte, sowat nicht. Aber nee, den ganzen Sums an Problemen, die es halt so im Armeedienst gab und die sie bei ihren verknöcherten und eingeengten Vorgesetzten nicht loswerden konnten, den haben wir besprochen. Man könnte sagen, man war'ne Art Beichtvater, daß man einfach zuhörte, Maul auf und den ganzen Dreck raus, tief Luft holen und dann wieder rin in die Scheiße. Da gabs wenige, die sowat gemacht haben, in unserer ganzen Gesellschaft. Das hat viel die Kirche abgefangen.
Wenn der Politoffizier ein Guter war, dann hat er in der Armee diese Rolle gespielt, wobei er ja keine Sünden vergeben konnte. Ich halte überhaupt nicht viel von dem Begriff Sünde. Wat der Mensch einmal gemacht hat, das hat er gemacht, davon kann man ihn nicht freisprechen, man kann es bewerten, aber das nützt einem anderen nicht viel, wie ich es bewerte, ob ich es so oder anders gemacht hätte. Ich kann meine Meinung dazu äußern, die kann er akzeptieren oder nicht akzeptieren, das eigentliche Problem ist, er muß im nachhinein den Prozeß reaktivieren, wat haste denn bloß gemacht, sich damit auseinandersetzen, obs richtig war oder nicht.
Wir haben Ausbildung in Psychologie gehabt, so richtig erst, als ich nochmal studiert habe von 1985 bis 1988 in Dresden an der Militärakademie. Dort haben wir ein umfassendes Pädagogik- und Psychologieprogramm absolviert, was auch relativ gut gewesen ist, allerdings in der Spezialisierung mehr Hochschulpsychologie, weil wir ja in Dresden als Lehrer ausgebildet worden sind, das war also Lern- und Lehrpsychologie und nicht medizinische Psychologie oder so, die haben wir nur

gestreift, bei uns ging es um die psychologischen Aspekte des Lehr- und Lernprozesses. Da bleibt natürlich für andere Dinge, ganz normale zwischenmenschliche Psychologie wenig Platz.
Ein zweiter großer Teil war Militärpsychologie, psychische Prozesse bei militärischen Handlungen, im Krieg oder beim Manöver undsoweiter. Das ist ein vollkommen eigenständiger Bereich. Ich nehme mal ein Beispiel. Junge Soldaten, bevor die ihren ersten Kampf haben, das kann man jetzt nachlesen über den Vietnamkrieg oder die Kriege im Nahen Osten, wo es um Leben und Tod geht im wahrsten Sinne des Wortes, da scheißen sich 80 Prozent in die Hosen, um es mal ganz simpel zu sagen, da hat es noch gar nicht angefangen, da wird die ganze Angst in die Uniform ringeschissen. Das ist bekannt. Eine ganz normal menschliche Reaktion. Angst wirkt auf die Peristaltik, den Magen- und Darmtrakt, auch in ganz anderen Situationen. Wenn eener heiratet, der geht aufs Standesamt und fragt als erstes, wo ist das Klo.
Wenn man sagt, der Mensch ist aggressiv, dann muß man dazu wissen, daß er zugleich Angst vor aggressiven Handlungen hat. Die Aggressivität, die in ihm steckt, hat meiner Auffassung nach damit zu tun, daß er Tier ist, wir sind nichts weiter als eine höhere Gattung der Säugetiere, die sich durch bestimmte Eigenheiten auszeichnet, zum Beispiel dadurch, daß wir begonnen haben, uns zu kultuvieren, aber damit sind wir wahrscheinlich noch gar nicht so weit gekommen. Ich nehme beliebige Zeitungen, Bild oder Super, die Headlines eines Tages, dann weiß ich doch, was der Mensch ist.
Wer zur Grenze gekommen ist, der hatte ein Minimum an Sicherheitsprüfung durch, Herkunft, politische Haltung, das war natürlich nur oberflächlich, bei den Tausenden oder Hunderttausenden, die insgesamt an der Grenze gedient haben in den vierzig Jahren. Zu uns ist schon nicht jeder gekommen, aber ansonsten hatten wir quer Beet alles, was in der DDR rumgeloofen ist. Wir haben auch Halunken gehabt, die im Gefängnis gelandet sind, weil sie geklaut haben, wir haben Offiziere gehabt, die haben unterschlagen, also es gab alle Probleme, die es anderswo auch gab. Wir wurden zwar als Elite bezeichnet, und wir haben uns auch so gefühlt. Ein Spruch war gang und gäbe. Den hab ich bei den Paraden gehört, die ich mitgemacht habe. 1979 und 1980. Die eine war vor dem Palast der Republik, und '80 war sie dann wieder in der Karl-Marx-Allee. Und da hieß es: Grenze und See grüßt den Rest der Armee.
Wir waren die einzigen, die Feindberührung hatten. Und das prägte. Wir mußten unseren Schülern nichts vorlesen, Simonow-Trilogien, wir konnten aus eigenem Erleben berichten. Vieles davon ging unter die Haut. Ich kann den Satz lesen: Er wurde mit einer Pistole bedroht. Das steht in jedem Krimi. Nun hab ich das aber selber erlebt. Und wenn ich

heute, heute noch, elf Jahre später, daran denke, zittern mir heute noch die Knie, ick krieg Angst. Ick hab auf fuffzehn Meter Entfernung in'ne Pistole ringekiekt, ick wußte nich, ob sie geladen ist, aber auf fuffzehn Meter Entfernung in so'n Loch gucken, und zehn Minuten einfach nichts machen können, weil man wie 'ne Salzsäule steht, weil man's auch nicht durfte, das war in uns drin, du darfst nicht, du darfst nicht, du darfst nicht die eigene Waffe ziehn, keine Kugel darf in Richtung Westen fliegen, man war hilflos. Das war gang und gäbe. Es ist doch auf uns geschossen worden von Westberlin. Da ist einer an die Grenze gekommen, der hat einfach nur so die Pistole gehalten, auf einen Menschen gerichtet, auf mich, ein Zivilist war das, und ich konnte nichts machen.

Ich hab Soldaten betreuen müssen nach dem Grenzdienst, da ist die Kugel 50 Zentimeter neben ihnen in die Fensterscheibe auf dem Turm gegangen, na mit denen war stundenlang nichts mehr anzufangen. Und denen braucht dann über Feindschaft und Haß und Aggressivität keiner mehr was zu erzählen. Mit mir braucht darüber auch keiner mehr zu diskutieren. Ich weiß, was Haß ist, auch aus anderweitigen Gründen heute, und Haß gehört zum Menschen wie Liebe. Wer nicht hassen kann, der kann auch nicht lieben. Haß ist eine ganz normale menschliche Eigenschaft, und wenn man die kontrolliert und nicht durchschlagen läßt, dann kann man damit leben. Wenn ich Politiker von ihrer Menschenliebe reden höre, ist alles Heuchelei. Wir sind doch alles Deutsche! So ein Quatsch. Oder wie Mielke, ich liebe euch doch alle, pure Heuchelei. Das sind Menschen, die aus tiefster Seele hassen. Das aktuellste Beispiel ist doch der Ausländerhaß. Haß wird täglich praktiziert, und die Politiker, die wissen ganz genau, daß der Mensch so funktioniert, und die nutzen das schamlos aus, treiben Millionen von Menschen ins Verderben, gegen deren eigenen Willen. Aus heutiger Sicht muß ich sagen, ich hab's selber so gemacht, als Lehrer. Ich habe meinen Schülern doch ein Feindbild eingehämmert.

Wir waren mit unseren Unteroffiziersschülern auch an der Staatsgrenze. Einmal Weihnachten waren wir in der Elbeniederung, wenn ich mich nicht irre, '84, von Perleberg aus, und das andere Mal im Oktober '88 in Berlin, mit Offiziersschülern. Am Brandenburger Tor. Ich hatte mein Studium in Dresden abgeschlossen, war frischgebackener Diplomlehrer ML, war Diplom-Philosoph und ach, überhaupt, ich hatte 'ne Vielzahl von Zertifikaten, nur eins hat gefehlt: Daß ich auch Mensch war. Ich bin nach Suhl gekommen, an die Offiziershochschule, und innerhalb der ersten zwei Minuten wurde ich so begrüßt, von meinem höchsten Vorgesetzten: Guten Tag, Genosse W., wir freuen uns, daß Du endlich da bist, du bist jetzt 'ne Woche hier und wirst dann kommandiert. Punkt.

So wurde ich an einem neuen Dienstort, in einer neuen Funktion begrüßt. So, und damit waren für mich alle Klappen natürlich runter. Damals habe ich gehaßt, die konkrete Person. Ich habe auch andere Leute dort gehaßt. Darüber habe ich 1990 im Eulenspiegel geschrieben, mit Name. Naja, Ende September '88 ging's nach Berlin. Dazu muß man sagen, daß nicht jeder, der an 'ner Lehreinrichtung tätig war, an die Staatsgrenze durfte. Ich durfte. Ich war immer einer der ersten, die ins Kalkül gezogen wurden, wenn es um solche Einssätze ging. Ich hatte 'ne Bestätigung vom MfS, nach dem Motto: Der W. haut nicht ab. Ich bin ja hiergeblieben, obwohl ich mit'm Schuh auf dem Strich stand.
Wir sind bei minus 5 Grad mit'm LKW von Suhl nach Berlin gefahren, früh um fünfe, es war dürre kalt. Wir haben uns bis Rummelsburg geklappert, uns beim Regiment erstmal hingehauen, die Frostbrocken, die wir gewesen sind, gepennt, und dann sind wir eingeteilt worden und haben 14 Tage Grenzdienst gemacht, zusammen mit denen, die den Abschnitt kannten. Das Brandenburger Tor wurde allerdings nur von Offiziersschülern gesichert, genauso wie ein Jahr später. '88 kamen ja auch schon solche Meldungen, Massendurchbruch geplant, unter dem Motto Provokation, das hat dann auch in der Presse gestanden, aber da war nichts, außer einer jungen Frau, die hatte unterm Mantel nichts an. Da war natürlich auch zufällig ein Fotograf vorhanden, das war am Brandenburger Tor. Da war ich dabei, ich hatte Dienst zu der Zeit. Das war wie so'n Testfall, wie verhalten sich die Jungs. Und diese Jungs, die habe ich vorbereitet, die waren hochmotiviert und haben sehr exakt diese Aufgabe erfüllt, haben funktioniert in Sekunden. Darum ging's.
Zu der Zeit kamen mir schon massive Zweifel über den Sinn dieses Berufs, weil ich an ganz bestimmten Leuten verzweifelt bin. An Vorgesetzten usw. Das waren nicht Zweifel an der Sache, an der Staatsgrenze, an Marx, das waren Zweifel an Leuten, die unsere Ideale verhunzt haben. Aber das dauert. Das geht nicht so, um Null Uhr fangen die Zweifel an, um ein Uhr bin ich mir klar, was ich tue, ich bin damit heute noch nicht fertig. Aber ich weiß noch, wie ich Heine-Straße an der Grenzübergangsstelle gestanden habe, auf dem weißen Strich und ich hätte nur einen Schritt zu machen brauchen, und hatte auch diesen Gedanken. Das war, als wir uns die technischen Anlagen angeguckt haben, die Schnellschließtore, die Kfz-Durchbrüche verhindern sollten, das waren Betonbrocken, die durch Hydraulik innerhalb von Sekunden zugingen, wo dann praktisch das Auto gegen die Betonwand fuhr, solche Beispiele gab's. Und da stand ich dann, ich war Hauptmann, Major bin ich erst 1989 geworden, und nur ein Schritt hätte gereicht, aber da funktionierte ein Mechanismus, ein Schadens-Nutzen-Algorythmus, der, sagen wir mal, innerhalb von vier Zehntel Sekunden klarmacht, der

Schaden, den du dir selbst zufügst, ist größer als ein eventueller Nutzen, ganz abgesehen von deiner Familie, mein Bruder war Aspirant an der Humboldt-Universität, mein Vater im ZK. War klar, das machste nicht.
Was hätte es auch gebracht? Ich hätte 'ne Pressekampagne von drei Tagen gehabt, fünf Fernsehinterviews, möglicherweise zehntausend Mark auf die Hand, irgendein Loch im zweiten Hinterhaus in Kreuzberg, und wäre so allein gewesen wie nie in meinem Leben. Genauso gut hätte ich mich auf den Mond schießen lassen können. Vielleicht ahnte ich da auch schon, daß ich eventuell alkoholkrank bin, vielleicht spielte das auch 'ne Rolle im Unterbewußtsein: da hilft kein Mensch, wie kommste damit zurecht. Also ich blieb hier, bis zum letzten Tag in Uniform, bis 30. September 1990, da wurden wir in Suhl alle schlagartig entlassen, und seitdem bin ich arbeitslos. Als die Schule aufgelöst wurde, das war ein beschissenes Gefühl. Lebenssinn verloren, der gesamte Freundeskreis zerschlagen. Ich hatte ja in Berlin keine Freunde, war doch seit '76 weg, meinen gesamten Bekanntenkreis hatte ich am Dienstort, und ich habe alle aus den Augen verloren, bis auf einen einzigen. Mit dem habe ich noch Kontakt, zu dem werde ich jetzt in Urlaub fahren. Ich bin seit vielen Jahren hautkrank, eigentlich schon, seit ich bei der Armee war. 1989 war ich deshalb lange in Krankenhäusern. Zum Schluß in Bad Saarow. Das war im August, als die in Ungarn die Grenze aufgemacht haben. Man hat zwar in den Zeitungen gelesen, aber ein Krankenhaus hat den Vorteil, man lebt schön ruhig, obwohl nicht mal mehr das Neue Deutschland verheimlichen konnte, was da passierte. Ich kriegte das schon mit, aber ich war abgeschottet, von der Kaserne weg, ich reflektierte das alles nicht so. Der Doktor hat sich entschieden, an mir eine neue Operationsmethode auszuprobieren. Sie haben mir die gesamte Kopfhaut abgeschliffen, mich förmlich skalpiert, um meine Schuppenflechte wegzukriegen, das waren zwei Operationen, die eine nur bei örtlicher Betäubung. Das Neue war der Wundverschluß. Nach dem Abschleifen dauert die Heilung sehr lange, aber die haben in Saarow was erfunden, das nannte sich Fibrinkleber und wurde aus dem eigenen Blut entwickelt, das bindet innerhalb von Sekunden, und man hat keine Schmerzen. Das hatte der mir alles erklärt, und als die mir mein eigenes Blut auf den Kopf feuerten, ging ich hoch bis an die Lampe, vier Schwestern haben mich festgehalten. Aber der Schmerz war sofort weg, ich bin aufgestanden, habe Mittag gegessen und keine Schmerzen gehabt. Ich hatte eine schöne Glatze und gefiel den Schwestern, wurde entlassen, hatte Genesungsurlaub, und auf einmal kam alles wieder, noch schlimmer als vorher.
Anfang Oktober war ich wieder an der Schule, und da waren die

Offiziersschüler ständig im Einsatz. Mich haben sie dann aufgrund der Operation als Planungsoffizier eingesetzt, und meine Aufgabe war es, die Einsätze der Offiziersschüler zu planen, die Kolonnen, das Dienstregime, und ich war heilfroh, daß ich nicht an diese Scheißgrenze mußte. Ich weiß, was die, die zurückgekommen sind, erzählt haben, das weiß keine Bildzeitung, das weiß kein Gericht, ich weiß, wie froh sie waren, wenn sie in Suhl die Knarre abgeben konnten. Weg, das war der einzige Gedanke. Schnauze voll, bis zum Gehtnichtmehr. Jeder, der sich irgendwie ausklinken konnte, und wenn es Platt-, Spreiz- und Senkfuß gewesen ist, der hat es ausgenutzt. Es gab Ausnahmen, die haben dann ganz gezielt das Weite gesucht an dieser Grenze. Um es mal ganz konkret zu sagen: Daß es an diesem 9. November an der Grenze, am Brandenburger Tor vor allen Dingen, so arschglatt über die Bühne gegangen ist, ist den Offiziersschülern zu verdanken, die unter anderem ick mit ausgebildet habe. Ich kenne die Leute, die da gestanden und die Situation bewältigt haben. Also in der Beziehung könnte man eigentlich stolz sein, wir haben gute Leute ausgebildet, wir haben Leute ausgebildet, die Nerven hatten, nicht durchgedreht haben und im richtigen Augenblick genau das richtige getan haben. Immerhin waren das schätzungsweise zweihundert Mann, blutjung, und dreht da ein einziger durch, zückt die Waffe, schwenkt das Koppel oder haut einen auf die Schnauze oder sonstwas, da standen immerhin Zehntausende, was wäre da passiert. Aber es ist nichts passiert.
Das ist ein Ergebnis militärischer Ausbildung. In solchen Streßsituationen, und das war eindeutig eine, da zählen keine Götter mehr, kein Marx, keine Vorgesetzten, da funktionierst du einzeln, da weißt du nur noch, jetzt darf nichts passieren, was es nur noch schlimmer macht, und da guckst du nicht mal auf den Mann neben dir, da setzt bei jedem ein eigener Schutzmechanismus ein, da schützt du dich selber. Und weil das zweihundert Mann gleichzeitig gemacht haben, hat es so gut funktioniert. Am Potsdamer Platz, als da so Hals über Kopf ein Grenzübergang geöffnet werden mußte, das waren Offiziersschüler, die da gestanden und gesichert haben.
Die Vorgesetzten wußten ganz genau, warum sie Offiziersschüler einsetzten, das wußten die. Das waren gut erzogene Jungs, hochmotiviert. Das ist in jeder Armee der Welt so, daß solche Leute, wenn die 'ne Aufgabe gestellt kriegen, die sie zu erfüllen haben, dann interessiert nur noch die Aufgabe. Weil Längerdienende, und dazu gehören eben auch die Offiziersschüler, sich identifizieren mit ihren Aufgaben. Das ist ihre Welt. Da ist die Politik erstmal austauschbar, beliebig austauschbar. Erst wenn sie mit dem eigenen Gewissen anfängt zu kollidieren, daß einer sagt, nee, das ist nicht mein Staat, dann funktioniert er nicht mehr.

Mich könnte man jetzt in eine Bundesgrenzschutz-Uniform stecken, ich habs gelernt, ist mein Beruf, man sagt mir in meiner Seminargruppe bei der Umschulung jetzt noch, man sieht mir den Offizier an, in meinen Bewegungen, also an ganz typischen Verhaltensweisen, die sich in fünfzehn Jahren eingeschliffen haben. Aber ich würde in keiner Uniform mehr funktionieren.

Jetzt mach ich so eine Art Managerausbildung, aber das hat ganz andere Gründe als berufliche. Für mich ist der Hauptgrund, und das weiß die Direktorin, eine Westberlinerin, daß ich die nächsten zwei Jahre brauche, um mich in Ordnung zu bringen, um wieder ein ordentlicher Mensch zu werden. Sie unterstützt mich dabei, hilft mir, mit meiner Krankheit fertig zu werden, wieder Selbstbewußtsein zu entwickeln.

Im Oktober '89 hatte ich ein Entlassungsgesuch geschrieben, aus gesundheitlichen Gründen, stand darin. Die eigentlichen Gründe aber waren Gewissensgründe. Und vielleicht war es auch schon der Alkohol. Aber das eigentliche war mein Gewissen. Das war dann im November beim General auf dem Tisch, und im Januar '90 ist es genehmigt worden, da hätte ich entlassen werden können, hätte ich eine Arbeit nachweisen können hier in Berlin, und die hatte ich nicht. Anfang '90 war ich unterwegs, aber uns wollte keiner haben. Da bin ich am 20. Juli nochmal vereidigt worden, was sehr lachhaft ist, wenn man bedenkt, daß in irgendeinem Prozeß entschieden wurde, ehemalige Offiziere können nicht eingestellt werden, weil die ja diesen Eid auf die DDR geschworen haben. Ich bin mehrfach davon entbunden worden. Von Modrow bin ich entbunden worden von allen Schweigepflichten, die ich eingegangen bin in meinem Leben, davon abgesehen, daß ich jetzt prinzipiell den Paragraphen 5 Grundgesetz für mich in Anspruch nehme, Freiheit der Meinungsäußerung, und da kann passieren, was will, egal, welche Person da vor mir sitzt. Ich habe keinen Besitz und nichts, das einzige, was ich besitze, ist meine Meinung, also muß ich alles unternehmen, um meine Meinung zu schützen. Und da sie mir nichts nützt, wenn ich sie für mich behalte, bringe ich sie zum Ausdruck. So einfach ist das. So, na ich bin dann im Juli '90 entbunden worden von meinem Eid auf die DDR, habe ich einen lächerlichen neuen Eid geschworen, unter Eppelmann noch, habe aber diesen Eid nicht gesprochen, nur unterschrieben. Ich will mal so sagen, damals war allen klar, wer sich nicht vereidigen läßt, der wäre sofort geflogen, also das war ein materieller Zwang.

So, die Konsequenz war bei mir, daß ich dann die zwei Monate noch abgefeuert habe, dann nach Berlin gekommen bin, zum Wehrkreiskommando gegangen, einen netten Brief an den Herrn de Maziere geschrieben, die Herrschaften vom Verteidigungsministerium können mich am Hobel blasen, ich verzichte bis an mein Lebensende auf jede weitere

Kriegsplanerei. Ich lehne in Zukunft jede Aktivität ab, die was mit Waffen zu tun hat. Ich hab meinen Wehrdienstausweis abgegeben, den brauche ich nicht mehr. Andere haben ihn behalten, als persönliches Dokument, aus dem hervorgeht, welche Dienstgrade und welche Dienststellen sie mal hatten. Ich kann das nicht mehr nachweisen. Eine dokumentierte Darstellung war ja nur im Wehrdienstausweis. Naja, ich mach mir da keinen Kopf, weil ich im täglichen Leben erfahren habe, ich brauche bei Bewerbungen nur anzugeben, ich war Offizier bei den Grenztruppen, das reicht aus, da interessiert schon gar keinen mehr, welche Dienststellen und welche Vorgesetzten, das ist Makel genug, deswegen, so schlimm ist das nicht. Ich mache trotzdem diese Umschulung, und ich versuche, in einer Therapiegruppe mit der Alkoholkrankheit ferigzuwerden.
Wenn ich sagen soll, seit wann ich das Gefühl habe, alkoholkrank zu sein, dann muß ich weit zurückgehen. Im Juli 1982 war der Tag jüngerer Offiziere in Berlin, da hatte Naumann uns eingeladen, zum Berlintag. Wir hatten den Fernsehturm für uns, sind Karussell gefahren da oben im Cafe, die Kongreßhalle war für uns reserviert, kaltes Büffett, eine ganz feine Kulturveranstaltung, und das ging früh um sieben los mit Frühstück, und da habe ich zum ersten Mal früh gezittert. Später auf dem Fernsehturm wieder. Natürlich am Abend vorher gesoffen. In der Therapie sagte einer der Therapeuten, wenn Sie das erste Mal morgens beim Kaffeetrinken zittern, dann ist es schon zu spät. Da fiel mir das ein, was ich vor zehn Jahren zum ersten Mal registriert hatte. Abends habe ich dann wieder was getrunken, ich habe ja nur abends getrunken. Nur Bier. Aber davon hab ich soviel getrunken, daß es wirkte wie Schnaps.
Seit 1987 etwa sagte meine Mutter ab und zu, Junge, trink nicht soviel. Die ersten Gedanken habe ich mir im Krankenhaus gemacht, wo ich vollkommen nüchtern gewesen bin, mich pudelwohl fühlte und ganz andere innere Vorgänge an mir feststellte, auch in Bezug auf Frauen, hübsche Krankenschwestern, die zu mir kamen und mit mir wollten, da hab ich mir schon Gedanken gemacht, daß meine Hemmungen gegenüber Frauen nicht nur was mit dem Schamgefühl wegen der Schuppenflechte zu tun hatten, das auch, aber auch mit der Alkoholkrankheit. Und trotzdem, als ich aus dem Krankenhaus kam, war mein erster Gang zur Pommesbude, erst mal 'ne Flasche Bier. Und dann waren so ab Ende '89, als in der Presse jeder schreiben konnte, was er wollte, auch so Artikel über Alkohol erschienen, und da stürzte alles auf einmal auf mich ein, die ganze politische Situation, die Krankheit kam wieder, und da las ich aufgelistet etwas über die Anzeichen und habe für mich so Haken gemacht. Ich hatte sehr viele Haken, aber das habe ich dann

wieder verdrängt und von mir weggeschoben. Dann kam Anfang '90 der ganze Frust mit Arbeitssuche hier in Berlin, und immer weggetrunken, weggetrunken. Nachdem ich aus der Offiziersschule entlassen war, habe ich mir erstmal gründlich die Rübe zugeschüttet, allerdings hab ich nie bis zum Kontrollverlust getrunken, sondern immer kurz vorher aufgehört, also ich hatte immer die Kontrolle über das, was ich tat. Ein Jahr habe ich nur gesoffen, vollkommen durchgesoffen, nicht einen Tag nüchtern gewesen. Das wurde dann so schlimm, daß ich von Februar bis Mai kaum noch was gegessen habe. Und dann war ich eines Tages in der Klinik. Ich bin selber hingegangen. Es ging um Leben und Tod. Ich stand in Gedanken oben auf dem Hochhausdach und wollte springen. Ich war total am Ende. Da hab ich für mich die Entscheidung getroffen, ich will leben, so beschissen die Welt und das Leben ist.
Bevor ich soweit war, hatte ich mir in der Kaufhalle meine Tagesration geholt, zwölf Büchsen Bier, und da habe ich eine jämmerliche Gestalt gesehn, da wurde mir kotzübel. Der sah so aus, als wenn sie ihn nur noch wegfegen müßten, wie am Bahnhof Zoo, inne Mülltonne und ab zur Kippe, so sah der aus. Dann kam meine Mutter, ich wohne alleine, aber meine Eltern wohnen nur zwei Straßenbahnstationen von mir entfernt, und dann war sie da, und ich hab geheult. Zwei Stunden lang. Ich wollt einfach nur Mensch sein, hab ich gesagt. Und dann hat sie gesagt, ich weiche nicht mehr von deiner Seite. Dann habe ich bei ihr zum erstem Mal seit Monaten richtig Mittag gegessen, mich weiter vollgeschüttet, bei meinem Vater ist immer Bier, und dann habe ich abends gesagt, na gut, nächsten Montag geh ich ins Krankenhaus. Das war am Mittwoch. Da wollte ich nochmal schindern, das heißt, nochmal so richtig schön Bier trinken, das beruhigt. Dann bin ich stinkblau zu meinem Bruder, und der wußte, weil ich es ihm gesagt habe, ich bin alkoholkrank. Und da hat er gesagt, morgen früh steh ich mit dem Auto vor deiner Tür, und dann fahren wir in die Klinik. Mit 1,4 Promille bin ich da eingerückt, und das waren im Vergleich zu anderen Bestwerte. Die Masse geht eigentlich erstmal über die stationäre Aufnahme, ich hatte den Vorteil, ich bin alleine gekommen, nicht vom Arzt überwiesen, alleine zum Doktor, ohne Begleitung, und da habe ich nochmal diesen Satz rausgeheult, ich wollte nur Mensch sein.
Er sagte, gut, wir werden's mit Ihnen probieren. Und ich habe für mich entschieden, Station hilft dir überhaupt nicht, du mußt wieder nach Hause, unter normalen Menschen sein, damit habe ich mich für den schwierigsten Weg entschieden mit dem Ergebnis, daß ich schon nach einer Woche einsteigen konnte in die Therapie. Ich hab beim Punkt Null angefangen, wieder zu leben, als ob ich neu geboren wurde. Ich mußte anfangen, laufen zu lernen, ich mußte lernen, wieder zu essen, mit

Messer und Gabel, mit'm Löffel, ich mußte anfangen, den Intellekt wieder zu strukturieren, das Denken lernen, das richtige umfassende, nicht nur das Schmalspurdenken, wo krieg ich mein Bier her, wo nehm ich das Geld dafür her. Naja, und in der Therapie war ich nach zehn Tagen soweit, daß ich meine große Klappe wiederhatte. Aber im Prinzip – es ist viel gestorben in mir, das gesamte Gefühlsleben. Ich hab massiv verdrängt, einmal dadurch, daß ich bei den Grenztruppen war und es da zum Regime gehörte, staatlich verordnet, zu verdrängen, und dann mit Alkohol nachgeholfen. Dadurch ist vieles verschüttet in mir. Mein Bruder hat mir den Arschtritt gegeben, den ich brauchte. Er hat mich ins Griesinger-Krankenhaus gefahren. Jeden Tag haben wir in der Gruppe eine Stunde Verhaltenstherapie. Eine der allerersten Übungen war, man geht in ein griechisches Restaurant, speist genüßlich, macht eine ordentliche Zeche, und am Ende kommt der Wirt, der ja will, daß man wiederkommt, und spendiert einen Hausschnaps, achtet mit Argusaugen darauf, daß auch jeder den austrinkt. Da haben wir drei Tage drüber diskutiert. Einem war das schon passiert, und der hat geschildert, wie er sich da ausgeklinkt hat. Naja, und ich hab mit meinem theoretischen Verstand fleißig mitdiskutiert, ich hab den natürlich nicht genommen, den Hausschnaps. So, und dann kam ein paar Wochen später so eine Situation. Wir gehn mit der Seminargruppe in ein indisches Restaurant, das war eine Wette von unserem Englischlehrer, der gesagt hat, man kann sich da für acht Mark dußlig fressen. Wir haben gesagt, das gibt's nicht, und dann sind wir in dieses Restaurant gegangen, und er hat gewonnen. Einen Tag vorher kam schlagartig die Angst. Ich habe in Gedanken immer wieder durchgespielt, was haben wir in der Therapie besprochen, wie mußte dich verhalten, wo mußt du dich hinsetzen, damit's nicht auffällt, und wir fahren in dieses Restaurant, ich mach die Tür auf und hab keine Angst mehr. Ich setz mich an den Tisch, der eine holt sich noch ein großes Bier und – es gab keinen Hausschnaps. Ist alles gut gegangen.

Seit einem halben Jahr bin ich trocken. Wenn ich irgendwohin muß, und ich weiß, es wird getrunken, dann steigere ich mich vorher absichtlich in diese Angst, der Psychologe sagt dazu Symptomverschreibung, ich verschreibe mir also selber das Symptom Angst und baue sie im Vorfeld dann ganz bewußt ab. Es kommt auf die Cleverness an, wie man das Trinken vermeidet. Ich wäre der Typ, der'ne Party schmeißt, wenn's sein muß, aus reinem Überlebensinteresse. Da geht es nicht mehr um andere, sondern nur noch um mich. Ich geh jeden Tag Mittag essen im Senat. Und neulich gab's Seelachsfilet in Weißweinsoße. Ich hab gesagt, da kann ja nichts passieren, da ist höchstens ein Spritzer drin. Ich esse, und ich habe körperlich wirklich nichts gemerkt, aber eine Stunde später war mir sauschlecht. Das war rein psychisch, ich hab mir selber diesen Streich gespielt, und mir ging's so dreckig wie beim Entzug, mit Zittern. Ich muß früh und abends an einem Kiosk vorbei, da hab ich mir immer meine zehn Büchsen Bier und drei Zeitungen geholt, so war das früher. Jeden Tag stehe ich da an der Bushaltestelle, und seit dem Sommer war nichts passiert. An diesem Tag komme ich an den Kiosk und fange an zu zittern. Das war eine ganz wichtige Erfahrung, eine selbstverschuldete Krise.

Nach Monaten erkenne ich langsam, worum es den Therapeuten geht, wie die ans Unterbewußtsein rangehn. Maltherapie. Malen Sie sich als Baum. Ich hab mich als deutsche Eiche gemalt, nach vier Wochen. Da hat mir die Therapeutin einen Vogel gezeigt. Ich habe rumgestritten, aber heute sage ich mir, die hat recht gehabt. Ich bin ja jetzt noch nicht mal eine deutsche Eiche. Ich bin ein Zweig, der im Winde schwankt, aber noch kein starker Baum, der fest im Boden verwurzelt ist und den nichts umhaut.

Einmal war ich ganz allein im Thüringer Wald, Urlaub nur mit mir allein. Ich bin viel gelaufen, und das hat mir gut getan. Und dann habe ich die Umschulung begonnen, Ich habe der Direktorin gesagt, was mit mir los ist, denn die macht so einen scharfen Unterricht, da kann passieren, ich klapp da weg, weil ichs einfach noch nicht verkrafte. Die muß es wissen. Sie hat sich bedankt und gesagt, ich hätte wahrscheinlich das Größte, was ich machen kann, getan: ihr mein Vertrauen entgegengebracht. Sie wird das zu würdigen wissen. Und ich hab ihr gesagt, das Stopsignal, wenn's nötig ist, setzte ich. Den letzten Hebel halte ich in der Hand. Jetzt fange ich langsam an, wieder Selbstvertrauen zu entwickeln. Das war vollkommen weg. Die anderen sagen zwar, ich hätte noch das meiste Selbstbewußtsein in der Gruppe. Aber das täuscht, weil die noch weniger Selbstwertgefühl haben als ich. Aus anderen Gründen. Die sind genauso emotional am Boden wie alle DDR-Bürger. Die DDR-Bürger sind emotional versaut, das deutsche Volk überhaupt. Ein jämmerlicher emotionaler Gesamtzustand in Deutschland, da brauche ich mir gar nichts vorzuwerfen. Die verdrängen alle. Das sehe ich sehr genau, seit ich selber ganz unten war. Aus dem Sumpf sieht man die Menschheit mit anderen, mit schärferen Augen.

Christa B., Jahrgang 1932

Zollrat a.D.

Ich hab angefangen als Kontrolleur, wurde geworben 1952, mit meiner Schwester. Wir kamen aus Thüringen, bin ich ja aus Schlesien, aus Liegnitz, merkt man wahrscheinlich ’n bissel noch an der Sprache, und lebten dann auf so ’nem kleenen Dorf. Vater und Mutter haben viel mitgemacht im Krieg, wir waren fünf zu Hause, naja, und dann hatte ich Werkzeugmacher gelernt und hab dort praktisch in Gera in einem volkseigenen Betrieb gearbeitet, zuerst als Lehrling, und hatte dort die Gelegenheit, ein bissel früher auszulernen, weil ich die Älteste zu Hause war, brauchten wir ja Geld.
Dort kamen eines Tages welche aus Berlin, die haben für den Zoll geworben. Damals kannten wir überhaupt keen‘ Zoll, wußten nicht, was Zoll bedeutet, außer Büchern mal, wo eben Grenze war mit Schmuggel. So habe ich dem, der mich angesprochen hatte, gesagt, ich bin Werkzeugmacher, und was soll ich da in Berlin. Aber auf der anderen Seite lockte so’n bissel Berlin, weil zu Hause in der engen Wohnung, die anderen Kinder brauchten Platz. und da hab ich gesagt, also wenn Sie meine Schwester mitnehmen, die war zwei Jahre jünger, dann werden wir wahrscheinlich mit den Eltern keine Probleme kriegen, denn eene alleene nach Berlin lassen sie nicht. Die hatten so‘n bißchen Angst, ich war ja nun zwanzig, und da haben sie gesagt, naja, wenn die Schwester mitgeht, und die hatten uns auch versprochen, daß wir ein Zimmer kriegen in Berlin. Naja, nach vielem Hin und Her haben meine Mutter und mein Vater das genehmigt für ein Jahr, aber gesagt, dann müßt ihr wieder zurück. Berlin ist so weit und für Mädchen sowieso zu gefährlich.
Nun war es so, daß ich mit meiner Schwester losfuhr, mit kleinen Täschchen, wir hatten höchsten zweimal zu wechseln, mehr hatten wir nicht, besaßen wir gar nicht. Wir kamen in Berlin an, das war der 1.9.52, und da sahen wir in der Luisenstraße Himmel und Menschen, haben wir gesagt, wat denn, wolln die alle zum Zoll? Haben sie gesagt, ja. Da waren wohl so vierhundert Einstellungen, die sie aus der ganzen Republik geholt hatten, und da haben wir gesagt, das sieht ja gefährlich aus, wo kriegen wir denn überhaupt Quartier, wo sind denn die, die uns hierher geholt haben? Wir sahen die nicht, und es wurde schon Abend, und wir hörten schon, daß es keine Quartiere mehr gibt, sondern daß wir in ’ne

Gastwirtschaft sollten, drei Tage, und da haben wir gesagt, wir fahren wieder zurück. Das machen wir nicht mit, versprochen ist versprochen.
Und dann sah ich den einen, der ist aber verschwunden, wir hinterher und haben gesagt was ist Sache hier? Ihr habt unseren Eltern versprochen, wir kriegen ein Zimmer, und jetzt siehts so aus, wir sind noch gar nicht dran, und in‘ne Gastwirtschaft gehen wir nicht. Wir werden das schon klären, sagte er, und dann kam es zum Werbegespräch, und naja, euch beede nehmen wir, das ist klar. War nicht so bürokratisch wie später, wo du eben ’n halbes Jahr brauchtest, um Zöllner zu werden. Dort ging das ruckzuck, und dann kamen wir in die Personalabteilung. Die sagten, wir haben für euch ein Quartier bei einem ganz hohen Tier. Was? Wer ist denn das? Na, wir sagen nischt, geht mal hin. Naja, nun kannten wir ja Berlin nicht. Setzt euch mal in die S-Bahn und fahrt bis Köpenick und dann mit der Straßenbahn raus nach Wendenschloß. Naja, sind wir gefahren, eine riesengroße Villa, haben wir gesagt, Mann, wo sind wir denn hier? Naja, wir geklingelt, und da kommt so‘n FDJler an, im blauen Hemd, das war uns dann schon vertraut, ja, auf euch warten wir schon. Vater ist noch nicht da, Mutter ist zur Versammlung. Nun kamen wir rein, und alles Bücher, wir hatten zu Hause zwee Bücher, und wir sagen: Mensch, was macht’n dein Vater? Na der ist ooch bei der Truppe. Es war ein kleines Zimmer unterm Dach, fanden wir sehr schön. dann kam der Vater, ein stattlicher Mann, der sagte Tach, nun kommt man,ich lad euch zum Abendbrot ein. Na, das fanden wir auch schon schön. Ja, sagt er, wir haben eine große Einstellungswelle. Wo arbeiten Sie denn? fragten wir. Na auch bei der Truppe. Jedenfalls kriegten wir an dem Abend mit, daß die in England emigriert waren, und er hat uns dann gesagt, wo wir uns am anderen Tag melden müßten. Das war in der Elsenstraße in Treptow.
Naja, wir haben uns dann dort gemeldet, ’ne Baracke. Wir warn immer noch der Meinung, wir sind doch Werkzeugmacher, was solln wir denn hier? Na euch brauchen wir ganz besonders, ihr wißt doch Bescheid bei Eisen und allem, was so über die Grenze hin- und herbewegt wird. Eisen? Naja, wie das nun so war. Wir haben ja den Krieg so richtig miterlebt als Kinder und wir wollten eigentlich was Besseres aufbauen und waren auch überzeugt, daß das notwendig war, als wir das so hörten, was an so einer Grenze passierte. Uns bewegte nun immer noch, was eigentlich mit unserem Hausherrn war. Wir sahen ihn da nicht. Und eines Tages, da hab ich an der Elsenstraße gestanden und ein Fahrzeug abgefertigt, das mit Filmen von Agfa damals über die Grenze ging. Und mit eenem Mal sah ich unseren Hausherrn, den Toni Ruh. Ich winkte ihm fröhlich zu, und am Barackenfenster wurde ernsthaft geklopft von

meinem Vorgesetzten. Ich ging zu Toni, und er sagte, na nun sehn wir uns mal. Ja, sagte ich, das freut mich aber. Na kennst denn du die Grenze hier? Hat er mir einiges erzählt von Treptow, und drin verschwand mein Vorgesetzter vom Fenster. Na also, der Toni Ruh fuhr wieder weg, und ich wurde sofort von der Straße reinbeordert, und der Vorgesetzte sagte, bist denn du noch zu retten? Weißt du denn überhaupt, wer das ist? Da war das der Leiter der Zollverwaltung, unser höchster Chef. Nun war mir klar, warum der uns immer ausgehorcht hat, wie der ganze Tag hier so verläuft. Er hat den Zoll aufgebaut, das AZKW, Amt für Zoll und Kontrolle des Warenverkehrs, und zwar von 1950 bis 61. War ein feiner Mensch, der Toni, auch seine Familie. 1961 kam, naja, ein neuer Wind und ein neuer Chef, er wurde mehr oder weniger abgeschoben, auf nicht ganz saubere Weise, wie wir damals dachten. Er kriegte einen Posten als Botschafter in Rumänien und ist dann gestorben. Der war in englischer Emigration gewesen, und da war er irgendjemandem nicht geheuer. Sowas gabs ja damals nicht nur einmal. Es durfte, als er weg war, der Name Toni Ruh nicht mehr erwähnt werden. In den letzten Jahren durfte man dann wieder diesen Namen nennen. Die Ruth Werner, in ihrem Buch damals, Sonjas Rapport, da steht der Toni Ruh mit drin, die kannten sich aus England. Ich habe dann unseren Zöllnern mal draus vorgelesen und hab das Buch ausgelegt, damit die erstmal wußten, wer war das eigentlich, wer hat denn unsere Zollorgane aufgebaut. Wir sind dann nach einem Vierteljahr aus Wendenschloß weggezogen und haben in einer Baracke in der Florastraße in Pankow gewohnt. Es war schwer für Mädchen in diesem Beruf. Wir hatten in der ersten Zeit noch keine Uniform, nur so'ne olivgrüne Anoraks, und vor uns hatte keiner Respekt. Wenn du in der S-Bahn oder irgendwo kontrolliertest, da haste dir schon 'n stabilen Zöllner ausgesucht, mit dem gehste, damit es auch ein bißchen wirkungsvoll ist. Ich muß sagen, in Berlin wurde der Zöllner nicht so geachtet wie anderswo. Ich wurde mal versetzt ins Vogtland, da merkte man den Unterschied. Aber ich hab immer wieder, auch wenn es manchmal unangenehm war, gesagt, es ist im Interesse unserer Menschen, im Interesse der Arbeiter, wir waren ja selber welche, da haste dann gesagt, Menschenskind, alles wird über die Grenze fortgeschafft, das bißchen, was wir nun hier haben, mußte eigentlich ooch mit schützen. Ich war nie vorher im Westen. Wir hatten zwar weitläufige Verwandte, aber mit denen durfte ich keine Kontakte haben, und die wollten ooch mit uns keene haben, obwohl's denen ooch dreckig ging, die haben für andre Leute den Dreck weggemacht, aber sie warn im Westen. Ich hatte damit keine Probleme, die Probleme kamen erst, als ich heiratete, der Werner hatte einen Bruder drüben, wobei ich den damals überhaupt nicht kannte. Wir mußten uns ja verpflichten, keine

Westkontakte, Dienstgeheimnisse zu wahren undsoweiter. Wir hatten auch Schießausbildung, aber ich hab nie schießen müssen, ich habe überhaupt nur die erste Zeit Waffe getragen. Mit viel Respekt und eins immer gesagt, Mensch, bloß nicht anwenden müssen. Ich hab nur mal 'ne Schießerei erlebt, wo sie wertvolle Zirkuspferde von uns über die Grenze gebracht haben. Die kamen an, und ich sollte nun abfertigen, da war noch Polizei an der Grenze, die Grünen, und die sagen, geh weg, jetzt passiert hier was. Die sind dann über die Heidelberger Straße, da war ein Teil bei uns, der andere in Westberlin.
Ich muß sagen, ich hab immer Vorgesetzte gehabt, die sagten, paß auf mit der Waffe, nur wenn dein Leben gefährdet ist, also anders überhaupt nicht. In Berlin eine Waffe anzuwenden, wo soviele Menschen hin- und hergingen, da mußte man vorsichtig sein, das wurde immer wieder betont. Ich habe immer gedacht, alles, was du tust, tust du im Interesse eines neuen Staates, der sich voll für die Interessen der Arbeiter einsetzt, der alles für sie tut, und deshalb hast du auch nie ein schlechtes Gewissen gehabt. Du hast auch gesehen, was alles rausgebracht wurde und was auch reinkam. Heute lacht jeder darüber, aber wir haben damals gesagt, Schmutz und Schund, diese Pornohefte, das dürfen unsere Menschen nicht abkriegen. Heute siehst du, diese Zeit, wie die Massen sich druffgestürzt haben, die ist vorbei. Dann haste dir gesagt, es dürfen keine Drogen hier rein, keine Waffen hier rein, wenn es dort drüben alles zu kaufen gibt, denn mußt du unsere Menschen sichern, du bist voll davon ausgegangen, du mußt sie sichern. Du hast Verantwortung. Ich war schon im Betrieb in die Partei eingetreten, durch einen SPD-Genossen, der mein Ausbilder war und der gesagt hat, paß mal auf, wenn aus unserem Staat was werden soll, kann das nur 'ne geeinte Arbeiterklasse und keine geteilte. Meine Eltern waren nie in 'ner Partei, und Vater war überhaupt nicht dafür, der hat damals zu mir gesagt, Menschenskind, muß denn das sein, daß du da eintrittst. Meine Schwester hat noch lange gezögert, das mußte jeder alleine wissen, war ja auch nicht Bedingung bei uns. Sie war vorher kirchlich gebunden. Diese ganze Auseinandersetzung mußte ich ja ooch mit mir noch führen. Vier Jahre später ist sie dann auch eingetreten. Meine anderen Geschwister nicht, aber es ist keiner abgehaun.
Im Wohnheim in Zeuthen habe ich dann den Werner kennengelernt, direkt am Zeuthener See waren wir da untergebracht. Da war ein Haufen junger Leute, ich war inner Volkstanzgruppe vom Zoll, da hab ich gesagt, komm doch mal mit, aber tanzen wollte er nicht. Wir haben viel selber organisiert, die Klampfenerna hat Musik gemacht, da haben wir alle im Klubraum gesessen, haben Karneval gefeiert, Silvester gefeiert, da lernten wir uns dann immer besser kennen. 57 haben wir dann geheira-

tet, hatten im Wohnheim ein ganz kleenes Zimmer zusammen gehabt, 'ne Wohnung kriegten wir erst später, eine schwer vermietbare in Karlshorst, die haben wir uns bissel hergerichtet. Das waren zwei Zimmer, das eine konnten wir jahrelang nicht benutzen, da konnte man durch die Decke bis zum Dach sehen, das war undicht, war alles feucht. Erst später, als uns ein Kollege vom Zoll geholfen hat, das Dach dicht zu machen, der war Dachdecker, da konnten wir dann beide Zimmer bewohnen. Werner hat damals 415 Mark brutto gehabt, 365 netto, dann mußte er auf Schule nach Johanngeorgenstadt, da hatte er raus sage und schreibe 285 Mark, ich hatte 280, davon habe ich noch was nach Hause geschickt, Mein Vater war 1954 gestorben, meine Mutter war mit den Kleinen allein, die mußte ich auch noch unterstützen. Im Februar 59 wurde dann unsere Tochter geboren. War alles gar nicht so einfach. Als Kontrolleur unmittelbar an der Grenze stand ich acht Jahre. Dann bin ich ja auch zur Schule gegangen, ein Jahr nach Dingelstädt, und dort wars dann so, wurde ich dann angesprochen, ob ich Interesse hätte, als Ausbilder zu arbeiten. Ich wollte nach Berlin zurück, weil da der Werner war, aber dann haben sie mit mir gesprochen, ob ich in Zinnowitz während des Lehrganges Dienstanfänger mit ausbilden wolle, das habe ich dann gemacht. Eigentlich machte mir das Spaß, das war so'n halbes Jahr. Ich war damals sehr kritisch, hab sehr viel Fragen gestellt, weil ich von zu Hause gewohnt war, alle Problem wurden offen ausgesprochen, warum das und warum so, und das gefiel eigentlich den Lehrern, weil man sich Gedanken gemacht hat. Ich merkte dann natürlich, meine Güte, dein Wissen reicht nicht sehr weit, mußt dich erstmal mit Klassikern beschäftigen, ich mußte ja bißchen mehr wissen, die jungen Menschen stellen ja viele Fragen, und das haben wir auch gefördert. Ich hab den Lehrgang mit „gut" bestanden, bin dann nach Berlin zurück.

Dann haben wir geheiratet, und weil ich nun in die Ausbildung reingerochen hatte, wurde ich gefragt, ob ich damit nicht weitermachen will. Naja, wie das so ist, ich bin in Berlin auch Ausbilder von Zöllnern geworden, fachlich und politisch. Die jungen Leute wollten natürlich wissen, warum geht es bei uns in der Wirtschaft nicht so richtig voran, wo liegen die Ursachen. Wir haben dann gesagt, das ist gar nicht so. Es geht doch voran, wir haben uns doch aus Trümmern entwickelt, so schnell kann doch das gar nicht gehn. Vielleicht haben wir auch manchen so'n bißchen in seinem Denken beschnitten. Wenn du das heute so siehst, wir sind doch eigentlich mit sehr viel Scheuklappen rumgelaufen. Wir haben uns mit unseren Zöllnern ja auch Betriebe angeguckt, aber da wurde dir auch was vorgemacht. Da wurden dir großartige Maschinen gezeigt, unsere Werkzeugmachinen wurden schließlich auch exportiert, da habe ich immer gedacht, das ist doch in

Ordnung. Einmal sah ich in der Werkzeugmachinenfabrik Marzahn eine schwedische Maschine, ein herrlicher Automat, aber der hat nicht gearbeitet. Ich hab den Direktor gefragt, wieso kann so eine Maschine stillstehn, die muß uns doch Geld bringen. Und da sagt er, ja, wir sind dabei, wir sprechen große Kombinate an, daß die bei uns ooch stanzen, damit die Maschine ausgelastet wird. Aber ich glaube, die ist nie ausgelastet worden. Da machteste dir schon Gedanken, aber die Zeit hetzte weiter, und du hast das als Einzelbeispiel abgetan, hörtest dann die großen Reden und hast dran geglaubt. Auf der anderen Seite haste dir gesagt, die andern, die haun uns schön Knüppel in'n Weg, die stören unseren Aufbau, wenn du nur an die Embargoliste denkst, das will heute keener mehr wissen, was alles nicht in sozialistische Länder geliefert werden durfte. USA, Japan, die hatten striktes Verbot, uns bestimmte Dinge zu liefern. Da mußten wir unheimlich Devisen ausgeben, weil wir über Drittländer importiert haben, das Wissen gehörte auch alles zur Zöllnerausbildung. Es hat uns immer wieder bestärkt, uns einzusetzen, weil wir sahen, die wollen uns nicht hochkommen lassen. Die ersten Jahre haben wir große Anstrengungen unternommen für die Einheit Deutschlands. Ich war zum ersten Deutschlandtreffen in Berlin, und wir haben in Vorbereitung darauf in Sonneberg nächtelang diskutiert, wie notwendig die Einheit ist. Das ging so bis 1955, als die Wiederbewaffnung in Westdeutschland eingeführt wurde, die wollten doch mit uns gar keine Einheit. Und unter dem Gesichtspunkt hast du dann auch gearbeitet als Zöllner. Das war manchmal schwer, wenn du in Berlin gestanden hast, und quer über die Straße ging die Grenze. Die Menschen waren vorher Nachbarn, waren verwandt, das war schwer für Berliner. Die bei uns wohnten, fühlten sich benachteiligt, drüben waren die Geschäfte voll, durch den Marshallplan, bei uns war alles leer, und das bißchen, was wir hatten, war billig und wurde dann immer rausgetragen. Da hast du dir als Zöllner gesagt, da mußt du aufpassen. Das Fleisch, da zogen die Bauern mit rüber, haben das verhökert, Gänse untern Rock gebunden, und dann faß mal als Zöllner der Bauersfrau untern Rock. Da macht man sich natürlich nicht beliebt. Dabei war von Anfang an in unseren Zollorganen klar, wir sind Arbeiter, 85 Prozent im Zoll waren Arbeiter, Arbeiterkinder, da waren wir immer so stolz drauf. Bei uns gabs keine Bestechung. Du flogst raus, wenn du nur 'nen Bonbon angenommen hast oder'n Stück Schokolade. Oder die legten dir 'ne Birne hin, da bist du hinterhergerannt und hast gesagt, nehmen Sie bitte die Birne mit. Wir haben immer drauf gedrungen bei den Zöllnern, seid höflich, seid korrekt, nicht irgendwelche Machtpositionen herausstellen, was bei jungen Menschen schwer war, sehr, sehr schwer. Die kamen manchmal aus so kleenen Dörfern, da fehlte ihnen das Wissen, da haben sie sich mit so'ner Barschheit durchgesetzt. Die haben Umgangsformen gelernt, hatten Deutschunterricht, Englisch, Russisch, aber bei manchen hat das alles nichts genützt, bis zum Schluß. Als sie mich fragten, ob ich in die Ausbildung gehen will, habe ich gesagt, also da muß ich einen Hochschulabschluß haben. Ich bin nicht zum Direktstudium gekommen, sondern zum Fernstudium. Habe abends gesessen nach dem Dienst und mich darauf vorbereitet. Deutsch, Mathe, und bin dann mit dem Fernstudium an der Volkspolizeischule in Kaulsdorf eingestiegen. Das heißt, dort mußt ich alle 14 Tage freitags hin, ganzen Tag Unterricht und in 14 Tagen sich immer wieder vorbereiten auf den nächsten Unterricht. Ich hatte also praktisch 'nen Hochschulabschluß als Diplom-Staatswissenschaftler, du wurdest mit Gesetzestexten, mit Kriminalistik, Pädagogik, Polizeirecht vertraut, Jura war auch dabei, das war schon recht ordentlich. Natürlich hatten wir auch Marxismus-Leninismus, solche Probleme. Ich war in der Klasse die einzige Frau, und als ich meinen Abschluß hatte, habe ich gesagt, ich würde gern mein Wissen bei Dienstanfängern zur Verfügung stellen. Ich hab mir dann gesagt, du kannst nicht nur Marxismus-Leninismus lehren, die müssen auch mit anderen Problemen vertraut werden, mit der Kultur in Verbindung kommen. Werner und ich, wir waren im Theaterring drin, Mensch, in der Hauptstadt, hab ich mir gesagt, müssen die doch die Gelegenheit nutzen und hab dann versucht, in der ganzen Ausbildung, die ooch immer son bißchen engstirnig von oben herab festgelegt war, versucht, ooch auszubüxen. Du konntest doch nicht immer nur bei jedem Thema anfangen, der Sozialismus ist gut, und der Sozialismus bringt uns das und das, und dann am Ende zu den Befugnissen des Zöllners kommen, du mußt ooch wissen, wie du dich zu bewegen hast. Ich habe einen Kulturplan gemacht, da stand drin, Theaterbesuch, mal'n Film kennenlernen, da müssen wir auch mal einen Schriftsteller hier haben, mußt ooch mal sie selber was machen lassen. Naja, da haben sie dann auch mal einen Abend gestaltet mit einem von der See, der hat Seemannsgarn gesponnen, da hatten sie auch mal was zu lachen. Oder wir hatten ein Mädchen hier, die war Fallschirmspringerin, also ganz große Klasse, die soundsoviel Sprünge schon hatte. Oder ich hatte einen Bergsteiger, das war faszinierend, besonders für mich. Ich mußte mir auch mal anhörn, da warn welche begeistert über Sternenkunde, also versucht, sie ooch mal bissel auf andre Dinge zu bringen, weil ja unsere Ausbildung von der Hauptverwaltung her sehr ins Schema gedrängt wurde. Es ging mir darum, daß die jungen Menschen zu denen, die sie zu kontrollieren hatten, ein anständiges Verhältnis hatten und nicht so dieses Null-acht-fuffzehn-Denken. Ganz bestimmte Personengruppen, die waren richtig verhaßt bei den

Zöllnern, zum Beispiel Kulturschaffende, die verdienen das meiste Geld, haben sie gesagt, die können reisen undsoweiter, das war die Gefahr, daß sich der Zöllner zu sehr auf so bestimmte Leute konzentrierte. Der Zöllner muß auswählen, der kann nicht jeden kontrollieren. Der mußte sich, wenn nun so hundert Mann an seinem Schalter vorbeidefilieren, mußte er sich ja vielleicht drei auswählen. Na wen wählt er denn nu aus? Künstler, das sind die richtigen, die müssen wir nehmen, das waren so Richtungen, die nicht gut waren. Darum war so wichtig, daß sie solche Leute auch mal persönlich kennenlernen. Meistens war es immer die Frage des Geldes, Künstler verdienen ein Schweinegeld, wir nicht so, naja, da haben wir versucht, in ihrem Herangehen ihren Horizont zu erweitern.
Autorität erwirbt man sich ja vor allem durch Menschenkenntnis, durch Umgangsformen, und so haben wir immer versucht, solche Dinge mit reinzubringen. Nicht alle haben das verstanden, aber manch einer hat dann mal zu mir gesagt, Mensch, ich habe ja gar nicht gewußt, daß ein Schriftsteller so schwer arbeiten muß, daß es solange dauert, ehe ein Buch fertig ist, oder daß ein Theaterbesuch einen so zum Nachdenken zwingt. Gern bin ich mit ihnen ins Maxim-Gorki-Theater gegangen, bin mit zwanzig Mann losmarschiert, alle in Zivil, weil ich gesagt habe, jeder soll sich festlich anziehen und auch wirklich mal was erleben. Anschließend dann was essen gegangen, was trinken, du mußt ja denken, die haben am Tag zehn Stunden Unterricht gehabt, da mußte abends auch mal was passieren. Die durften nicht nach Hause, mußten im Internat bleiben, aus heutiger Sicht muß ich sagen, die wurden doch ganz schön gegängelt. Ich habe manchmal gesagt, das sind doch erwachsene Menschen, die müssen doch mal raus, wo dann immer wieder gesagt wurde, nee, die sollen morgens ausgeruht zum Unterricht kommen. Aber einer, der draußen studiert, muß ja selber ooch seine Zeit einteilen. Ich hab sie dann gefragt, na nu sagt doch mal, was wollt ihr denn, welche Vorstellungen, na die meisten wollten abends verschwinden. Da waren Verheiratete bei, die haben in Berlin gewohnt, aber unsere Vorgesetzten hatten einfach dafür kein Ohr. Sie selber sind ja nach Hause gegangen. Später durfte ich dann Genehmigungen erteilen. Werner sagte ooch, Mensch, laß die doch nach Hause, sonst haun die noch mit anderen ab. Naja gut. Manchmal kam einer von zu Hause, die Frau konnte besser englisch als der Mann, da haben sie zusammen Vokabeln gepaukt. Ich hab sie manchmal auch auf der Bahnfahrt ins Theater abgehört, englisch und russisch. Und die haben das auch mitgemacht, weil ich vielleicht für sie sowas war wie 'ne Mutter.
Bei der Kontrolle mußten sie sich nach irgendwas richten. Einem Schmuggler siehste nicht am Gesicht an, daß er, sagen wir mal, mit

Haschisch oder Heroin reinkommt, und da wurde ganz klar gesagt, wenn du jemanden ausgewählt hast, wo du der Meinung bist – also 'ne neunzigjährige Oma wird ja nun nicht mit 'ner Pistole rüberkommen – daß du eine Person ausgewählt hast, der du sagst, sie möchte den Koffer öffnen, darfst du nie mit deinen Händen da drin wühlen. Der oder die Reisende muß das selber tun, damit du den Überblick hast, und wenn ein Gegenstand rausgelegt wurde, dann mußt du sagen, gestatten Sie bitte, und dann kannst du erst den Gegenstand genau unter die Lupe nehmen. Später hatten wir dann Röntgentechnik, denn wenn ein Geschenk schön verpackt war, Weihnachten oder so, das gab ja den meisten Ärger, wenn das einfach so aufgerissen wurde. Das hast du dann ins Gerät gestellt und gesehen, ob alles in Ordnung war. Wenn du dabeistehst, deine Hände jucken ja, du möchtest selbst, aber sobald wir sowas festgestellt haben, daß einer mitgewühlt hat, dann haben wir uns mit dem auseinandergesetzt. Wenn gesagt wird, die Frauen sind schärfer, also ich würde sagen, in der Ausbildung haben wir das nicht festgestellt. Nur daß Frauen eben im Lernen unwahrscheinlich ehrgeizig waren, fleißig, aber wo es Dienstaufsichtsbeschwerden gab, da haben wir uns auch mal von jemandem getrennt. Wir hatten so einige, von denen ich gesagt habe, mit der möchte ich nicht zusammen auf der Straße stehn, da schämste dich, aber solche gab es auch bei Männern. Frauen hatten es eben auch schwerer, voranzukommen, auch als Zöllner, da wurden vielleicht auch Minderwertigkeitskomplexe überspielt.
Bei den meisten war bis zum Schluß eine echte Überzeugung, daß ihre Arbeit notwendig war, nützlich für unsere Menschen in ihrer Gesamtheit. Wir sind immer davon ausgegangen, wir können das nicht zulassen, daß Rauschgift zu uns reinkommt, das hängt doch auch mit der Entwicklung der Kriminalität zusammen. Wir haben ja gesehen, daß wir recht hatten, als wir sagten, wenn wir jetzt die Grenzen aufmachen, nicht mehr kontrollieren, was da alles auf uns zukommt. Es ist ja erwiesen, daß Waffen eingeschleust wurden, Rauschgift in kleinen und großen Mengen, wie wir sagten, Zollrat Schnuffi, unsere Diensthunde, die haben da manches aufgespürt. Ich selbst habe damit nichts zu tun gehabt, aber wir haben uns mit Dienstanfängern angesehen, wie die ausgebildet wurden. Es ist übrigens nicht wahr, daß die Hunde süchtig gemacht wurden. Ein Hund kann ja sehr gut riechen, wenn einer z.B. auf Heroin ausgebildet wurde, dann bekam er das zu riechen, in geschlossenen Beuteln, und dann suchte der das. Das mußte immer wieder gemacht werden, weil sich die Fähigkeit nach und nach verlor. Haschisch hat einen sehr markanten Geruch, wenn da ein Reisender kommt, der das ständig nimmt, dann riecht man das, und ein Hund natürlich erst recht. Wir haben in der Ausbildung gesagt, ein Hund muß mindestens

einmal am Tag geschnuppert haben, damit er in Übung bleibt. Die haben gute, echte Feststellungen ermöglicht. Wir haben sie nie gegenüber Menschen eingesetzt, sondern eben im Flughafen bei den Gepäckstücken. Am Menschen,das ist strengstens verboten gewesen. Bei uns war das Hauptaugenmerk die Kontrolle. Beim heutigen Zoll ist es ja so, daß sie sich im wesentlichen auf Erhebungen von Zöllen und Abgaben konzentrieren. Heute wird Geld kassiert. Personen werden nur noch ganz wenig kontrolliert. Da rührt ja keiner mehr 'ne Hand, ein Gepäckstück zu kontrollieren. Der Zoll ist nur noch dazu da, dem Staat Geld zu verschaffen. Und die Summen, die der Zoll so eintreibt, sind ganz enorm. Das sind Milliarden. Und deshalb sind Spezialisten, wie wir sie ausgebildet haben, heute nicht mehr so gefragt. Der Zöllner heute hats leichter als wir es hatten. Wir hatten eben den Ärger, wenn wir die Koffer kontrollierten oder Autos, daß manche Leute sich widersetzt haben und geschimpft haben.
Unser Schwiegersohn ist noch beim Zoll. Der arbeitet an der deutsch-polnischen Grenze. Der hat zu tun mit den Staus, bis zu zwanzig Stunden Wartezeit. Dadurch wissen wir eben, wie es heute so ist. Es dreht sich nur um Geld, die Person ist völlig uninteressant. Wir haben früher auch bestimmte Gebühren erhoben im Reiseverkehr, aber das war nur so nebenbei, wir mußten es mitmachen, aber die Hauptarbeit bei uns war die Paßkontrolle, und die hat uns eben auch soviel Ärger eingebracht. Es ist keine angenehme Sache, als „Filzstift" betrachtet zu werden. Wir haben versucht in der Ausbildung, den Dienstanfängern das alles klar zu machen. Daß es eben aus solchen Gründen auch notwendig ist, ein vernünftiges Deutsch zu sprechen, bei manchem hast du das nie geschafft.

Werner B., Jahrgang 1935

Zollrat a.D.

Ich bin gebürtiger Mecklenburger, mein Geburtsort ist Burg Stargard. Von Beruf bin ich Tischler, nach der Lehre abgewandert, zur Schiffswerft Rechlin, das ist auch in Mecklenburg. Da habe ich als Bootsbauer gearbeitet, wurde dann geworben von zwei Zolloffizieren für zwei Jahre nach Berlin. So bin ich 1954 zum Zoll gekommen. Was anderes erleben, was anderes sehen, das war eigentlich erstmal der Hauptgrund für mich. Berlin lockte. Mein Vater war bei der Eisenbahn Schrankenwärter, der hatte noch vom Ersten Weltkrieg ein steifes Bein. Meine Mutter starb, als ich sechs Jahre alt war. Wir waren fünfe zu Hause, ich war der letzte, der Nachkömmling, meine Geschwister sind alle älter. Mein Vater hat nochmal geheiratet, aber die Ehe ging nicht gut, nach kurzer Zeit hat er sich von der Frau getrennt und dann uns drei Letzte alleine aufgezogen. Die älteste Schwester wurde Flakhelferin, es war ja nun schon Krieg, mein ältester Bruder meldete sich freiwillig zur Luftwaffe, das war '41, so daß wir nur noch drei zu Hause waren. Meine Geschwister, die Schwester war sechs Jahre älter, die hat dann meine Erziehung mit übernommen, mit zwölf, dreizehn Jahren. Es war wirklich nicht sehr glanzvoll, wie ich meine Jugend verbracht habe.

Am 1. Dezember 1954 wurde ich beim Zoll eingestellt. Meine erste Dienststelle war, Wasserkontrollpunkt nannte sich das, das war Mühlendammschleuse, kombiniert mit der Marschallbrücke. Weil ich nun von der Werft kam, ich war auch bei der GST im Seesport mit drin gewesen, da haben sie nun gedacht, der hat mit Wasser zu tun gehabt, verbunden mit Schiffsfertigung undsoweiter, also ein bißchen fachliche Kenntnisse habe ich mitgebracht, das kam mir natürlich zugute. Die Schiffe, die aus Westberlin kamen beziehungsweise durchfuhren, der Wasserweg führte ja über Westberlin, die haben wir dann kontrolliert, hauptsächlich papiermäßig, Laderäume, Stauräume mußten beäugt werden. Wir haben hauptsächlich so auf Beipack, Beiladung geachtet.

Das war erstmal völlig neu, aber es befriedigte mich auf die Dauer kaum. Es gab wenig Erfolgserlebnisse. Auf'm Schiff brauchte damals keiner zu schmuggeln. Das war noch zur Zeit der offenen Grenze, wer da was rüberbringen wollte, der hat das über die Straße, mit'm Auto, mit der S-Bahn gemacht, mit'm Schiff, das war ja auch riskant. Wenn wir nämlich was gefunden hätten, dann wäre der Schiffseigner sein Schiff

losgeworden. Es gab Feststellungen, z.B. wenn Schrott verschoben wurde, Buntmetalle nach Westberlin, sowas gab's, und die Leute, die dabei erwischt wurden, wurden natürlich sehr hart bestraft, Beschlagnahme der Schiffsladung und Beschlagnahme und Einziehung auch des Schiffes, und da hat sich schon der Schiffsführer, der Schiffseigner überlegt, ob er sich auf so'ne krumme Tour einläßt, so daß ich dann dort den Abgang gemacht habe.
Dann wurde ich eingesetzt an der Sektorengrenze, da herrschte nun natürlich ein ganz anderes Klima. Die Schiebereien mit den Lebensmitteln. Mein Bereich war der Bahnhof Friedrichstraße, die S-Bahn, Kellerbahn, Potsdamer Platz, Stadtmitte, die U-Bahnhöfe an der Grenze. Da waren wir so zwanzig Zöllner in einer Schicht, und wir konnten selbst entscheiden, wo wir hingingen. Friedrichstraße, da war immer Trubel. In dieser Zeit reifte bei mir auch die Erkenntnis, das ist nicht irgendein Job, sondern hier wirst du richtig gebraucht. Ich wußte ja nun aus meiner Zeit in Mecklenburg, wie die Menschen gelebt haben. Als ich gesehen habe, wie das Zeug, was nun mühselig produziert wurde, rausgeschleppt wurde, Fleisch, mitunter am Körper versteckt, also ich hätte das nicht essen wollen, Butter, Eier undsoweiter, es war jedenfalls schlimm, und ich sagte mir, das kann ja nun nicht so weitergehn, und da habe ich gesagt, nee, hier kannste nicht so einfach wieder wegloofen und hab dann meine Verpflichtung verlängert auf die nächsten fünf Jahre. Ich hatte die Möglichkeit, Unterführerlehrgang nannte sich das damals, so kam denn ein Schritt nach dem anderen bis zum 13. August.
Wir hatten schon immer überlegt, wie soll'n das nu mal weitergehn. Wir kamen uns ja auch machtlos mitunter vor. So'n S-Bahnzug im Berufsverkehr, sechs-, sieben-, achthundert Leute, viel Zeit hatten wir nicht, wie nun die Richtigen erwischen in drei Minuten, und wenn du da nicht schnell raus warst, ich hab's paar Mal erlebt, da hab ich die Notbremse ziehen müssen und mit Ellbogengewalt aufs freie Gleisbett runter. Einige sind mit blauen Augen zurückgekommen, die sind verprügelt worden, das war schon immer gefährlich. Ja, und auf einmal, wie wir dann am Sonntag früh zu unserem Stützpunkt kamen, war die Grenze dicht.
Ich dann wieder auf dem Bahnhof Friedrichstraße, wobei wir als Zöllner erstmal 'n bißchen ratlos waren. Die Westberliner konnten ja noch reisen, und die Ausländer, das war ja wie ein Ameisenhaufen am 13. August, das hing hin und her, die einen wollten dahin, die anderen dorthin, wie sollte denn nun erstmal kontrolliert werden. Da wurde dann begonnen, ein richtiges Kontrollregime aufzubauen, mit Stricken abgeteilt, die einen, die rauswollten, mußten erst zur Paßkontrolle und dann zu uns, und die, die reinwollten, da ging es dann in umgekehrter

Reihenfolge. Jedenfalls wurden dann so provisorisch paar Räume eingerichtet.
Für uns war das ja nun ganz was Neues, daß jeder, der die Grenze passierte, kontrolliert werden mußte. Dieses Auswahlprinzip, von hundert Mann einen rauszugreifen, das war ja nun anders, die mußten alle an uns vorbeidefilieren. Und wir brauchten nicht mehr in die S-Bahn rein, die kamen ja nun zu uns, das fanden wir erstmal sehr gut. Die ersten Paßkontrolleure waren vom Polizeipräsidium, Paß- und Meldewesen, die hatten noch grüne Uniform, später waren es dann die Grenzer und diese Truppe PKE vom Ministerium für Staatssicherheit, ausgebildete Paßspezialisten. Wir haben das auch nicht gleich so richtig erkannt.
Das war für mich eine heiße Zeit im August '61, 24-Stunden-Dienst, aufgeregte Leute, Provokationen auch, wobei ich wenig außerhalb des Bahnhofs war, wir haben unsere Kontrollen gemacht, wie es eben möglich war. Hier war ja nun viel Kapitalverlagerung, einige wollten noch was rausbringen, andere wollten wieder was reinbringen, das war hauptsächlich Geld, massenweise, was rausgeschleust werden sollte, Wertgegenstände, Sammlungen, Münzen, Briefmarken kann ich mich erinnern, was nun alles noch Westberliner hier deponiert hatten. Erst ab 1. September 1961 war es für die Westberliner auch zuende, da kamen nur noch die, die bei uns arbeiteten, und die Ausländer. Da hatten wir's dann bißchen leichter. Ich kam dann zur Zimmerstraße, Checkpoint Charly. Dort hatte sich das schon so'n bißchen eingelaufen, auch alles sehr primitiv noch, in Zelten, aber das Grenzregime funktionierte schon, und da hab ich dann auch unmittelbar die Provokationen erlebt, wie die Amis kamen, mit PKWs, aber auch mit Panzern, da war ich dabei. Wurde dann als stellvertretender Dienststellenleiter eingesetzt und war dort auch etliche Jahre, bis '73, mit kurzen Unterbrechungen. Gab denn auch mal Rückstufungen, weil was nicht so lief in den Augen der Vorgesetzten, das habe ich auch durch. Aber ging dann auch wieder nach oben. Und dann habe ich das gleiche gemacht wie etwas später die Christa, als Ausbilder gearbeitet, versucht, den Anfängern das Handwerk des Zöllners beizubringen mit meinen Erfahrungen.
Dann wurde plötzlich wieder einer gebraucht, beim Zollpostamt. Da war ich von '77 an bis zu meinem Ausscheiden stellvertretender Leiter.
Mit Beginn der Währungsunion löste sich der Zoll auf. Für uns war keine Arbeit mehr da, und ich bin in den Vorruhestand gegangen mit 54 Jahren. Da bin ich froh, daß ich den Garten habe und einen Beruf erlernt habe, wo ich noch so'n bissel rummurksen kann, als Tischler, da hat man immer was zu tun. Die Frage, hat das überhaupt einen Sinn gehabt, einen Nutzen gehabt, überlegt man sich natürlich. Ich sage auf jeden

Fall, es hat einen Sinn gehabt. Wenn wir, sagen wir mal, die Sicherheit an den Grenzen nicht gewährleistet hätten, der Zoll hat ja nur seinen Beitrag dazu geleistet, das Land wäre ausgeblutet oder es wäre zum Bürgerkrieg gekommen. Es wären genug Leute dagewesen, die gesagt hätte, jawoll, wir lassen uns das nicht bieten. Ich weiß nicht, wie die Entwicklung dann verlaufen wäre, aber ich glaube, daß doch jeder durch sein Tun an seinem Abschnitt verhindert hat, daß die DDR schon damals zusammengebrochen wäre.

Wir haben immer alles daran gesetzt, aus dieser Republik ein besseres Deutschland zu machen. Daß das nun alles so gekommen ist, das ist tragisch, weil man sich sagt, die besten Jahre unseres Lebens, die aktiven Jahre des Lebens, ich hab Tag und Nacht gearbeitet, sehr viel Schichtdienst gemacht, Weihnachten, Silvester, Neujahr, es gab keinen Feiertag für uns, wir haben ja viel Persönliches in Kauf nehmen müssen, daß wir nun große Vorteile hatten, das ist ja alles nicht wahr. In Wirklichkeit hatten wir ein hartes Leben, wir waren von vielen Dingen ausgeschlossen, für uns wurde nichts gelockert. Bei anderen hat es keinen mehr gejuckt, ob er nun Kontakte zur BRD hatte. Ich hab meinen Bruder in Schleswig-Holstein, wir haben jahrelang keinen Kontakt gehabt, ich hab's auch nicht so sehr empfunden, er war '41 aus dem Haus gegangen, ich kannte ihn kaum noch. Dieses gemeinsame Aufwachsen war nicht gegeben.

Jetzt haben wir uns mal wiedergesehn, wir sind aufeinander zugegangen, ich mit sehr gemischten Gefühlen. Ich hatte meinen Bruder zum letzten Mal gesehn bei der Beerdigung von unserem Vater, das war '68, mehr oder weniger illegal, aber wir haben uns in diesem Fall darüber hinweggesetzt, mir hat nie einer einen Vorwurf daraus gemacht. Ich weiß nicht, ob das damals jemand erfahren hat, bestimmt, ich weiß ja, wie das lief, Karteien bei der VP, wo die Einreisen gespeichert wurden, ich weiß es nicht, es hat nie mit mir jemand darüber gesprochen. Naja, und wie verstehn wir uns jetzt. Seine Frau, was meine Schwägerin ist, die war an und für sich nicht dafür, daß die Einheit gekommen ist. Die haben gesagt, Menschenskinder, ist ja alles schön, daß ihr jetzt reisen könnt, ist ja prima, aber bleibt für euch. Dat wird doch nischt zusammen, wat soll denn da rauskommen. Bruder ist ooch Tischler, Tischlermeister, auf einem kleinen Dorf in Schleswig-Holstein, ja, wir haben unsere Standpunkte ausgetauscht. Er hatte nie was gegen die DDR im Prinzip gehabt, wobei meine Schwägerin gesagt hat, warum, warum sehn eure Städte, die Dörfer so verkommen aus, das kann doch nicht sein. Wir haben das nicht so gesehen, solange wir nicht über die Grenze konnten, jetzt merkt man vieles erst, wobei sie meinen, jetzt gehts uns allen blendend, wobei, so blendend gehts uns gar nicht. Christa haben sie schon 400 Mark von

der Rente gestrichen, die hat an Weizsäcker geschrieben, hat einen sehr netten Brief bekommen, aber das Geld haben sie ihr trotzdem abgezogen.
Den 9. November haben wir am Fernseher gesessen und gesagt, was soll denn hier werden? Das ist doch ein Aus für alle Zöllner in Berlin, so etwas muß man doch vorbereiten. Wir haben uns sofort vorgestellt, was machen unsere Zöllner an der Bornholmer, die Massen strömen an denen vorbei, die mußten ja um ihre Sicherheit fürchten. Warum hat man uns nichts gesagt? Unsere Vorgesetzten, kein Mensch hat sich da sehen lassen bei uns. Die höchsten Verantwortlichen, die hauten das Parteibuch hin, das waren die ersten. Die Christa hat gesagt, was sind denn das für welche gewesen, die haben uns doch was ganz andres gepredigt. Wir waren ja erzogen, zu warten, daß von oben etwas kommt. Da kam ja nun nischt mehr. Wir haben uns gefragt, wo sind denn unsere großen Chefs, wo sind denn die Menschen geblieben, die denen bei Demonstrationen zugejubelt haben?
Das kann doch wohl nicht wahr sein.
Da kamen dann die ersten Zöllner aus dem Westen zu uns rüber, haben sich angeguckt, was wir ausgebildet haben, sie waren eigentlich sehr erstaunt über unser Niveau, bei der Rauschgiftfahndung, beim Waffenschmuggel. Auch über unsere Frauen in verantwortungsvollen Positionen, in Westberlin zu der Zeit hatten sie sage und schreibe acht Zöllnerinnen. Sie haben zu Christa gesagt, Sie können natürlich bleiben, aber sie hat gesagt, das kann ich nicht, ich kann mich nicht so schnell drehn und wenden. Das kann man nicht, wenn man überzeugt war, daß man richtig gearbeitet hat. Sie fanden unsere Schule in Marzahn toll, da ist jetzt auch wieder 'ne Schule drin vom Zoll, neuer Chef ist von drüben eingeflogen. Und von uns haben sich einige regelrecht angebiedert, aber das hat auch nichts genützt. Was mich insbesondere geärgert hat, daß es in der letzten Zeit eigentlich schon klar war, wo das hingeht, daß uns von unseren Vorgesetzten keiner gesagt hat, so siehts aus, das und das sind die Ursachen. Im Gegenteil, sie haben immer noch neue Leute eingestellt, nach dem November '89 bis rein in den März 1990, wobei jeder sich ausrechnen konnte, mit dem Zoll geht's zuende. Mit einer gemeinsamen Währung ist die Frage Schmuggel, Spekulation erledigt. Das waren natürlich viele Jungs von der Staatssicherheit. Vielleicht hat das einigen noch geholfen, aber in Wirklichkeit war da nichts mehr zu retten.
Christa ist dann noch zur Kur gefahren, in die Gegend bei Hildburghausen, die andere Seite ist Coburg, da kann man rübergucken, da kam früher keiner hin, herrliche Gegend. Als sie zurückkam, hat sie noch eine kleine Feier ausgestaltet, und dann war Schluß. Nach 38 Jahren.

Wenn ich daran denke, wie pingelig wir waren, diese Dienstvorschriften, diese Kleinkrämerei, die mir doch manchmal gegen den Strich ging, wo ich mir gesagt habe, meine Güte, tut uns denn das nun weh, wenn da drei Zeitungsausschnitte drin sind. Nein, die mußten raus, die mußten eingezogen werden, oder das Paket mußte zurückgeschickt werden. Oder bei der Einfuhr, keine Tonträger, keine Kassetten, keine Schallplatten, jeder, der den Westen hören wollte, brauchte nur auf den Knopf drücken. Was haben wir erreicht? Wir haben viele Leute durch unsere Maßnahmen verärgert, gegen uns aufgebracht.
Uns wurde ja nun auch nachgesagt, daß wir uns bereichert haben. Aber wenn ich einen Gegenstand eingezogen habe, war genau vorgeschrieben, sechs Wochen Lagerzeit, nochmal sechs Wochen Karenzzeit, bis dahin konnte ich nachweisen, wo das Zeug geblieben ist. Danach mußte das ans Zentrale Asservatenlager in Rummelsburg abgeliefert werden, ja, und was da passiert ist, haben wir keinen Einfluß mehr gehabt. Heute wissen wir, daß einiges in Verkaufsstellen gelandet ist, wo kein normaler Sterblicher Zutritt hatte, also das war ooch nicht sauber. Ich weiß ja, wir waren ja bei unserer Nichte in Oelsnitz, Hochzeit, 'n Haufen Leute, '87 war das, da gab's heftige Diskussionen, wobei wir als Zöllner immer wieder angegriffen wurden. Der eine guckte sich meine Uhr an und war ganz erstaunt, daß ich eine Uhr aus der DDR-Produktion habe. Ob ich noch keen Paket gesehn hätte, wo 'ne andere, ich hätte mir mal 'ne andere zulegen sollen, immer solche Spitzen. Ich war immer sehr vorsichtig, daß man ja nicht in den Verdacht kommt, lange Finger gemacht zu haben. So wie die haben wahrscheinlich sehr viele gedacht. Wir haben auch darauf geachtet, daß unsere Tochter nie mit Westbeuteln rumgelaufen ist. Die Leute im Haus, wir waren bekannt als Zöllner, die hätten doch gesagt, kuck dir mal an, die Zöllner.
Als die Grenze offen war, haben wir gesagt, wir gehn nicht. Aber als wir hörten, wer von unseren Chefs das Geld geholt hat, da hab ich zu Christa gesagt, die hundert Mark holste dir, die nehmen wir denen ab. Unser Bezirkschef, der hat sich Zivil angezogen, 'nen großen Schlapphut uff, dann hat er sich vom Fahrer bis zum Potsdamer Platz ranfahren lassen, ist ausgestiegen, tapp-tapp-tapp rüber, hat seine hundert Mark geholt, wieder zurück zu seinem Dienstwagen und hat sich zur BV fahren lassen, zur Bezirksverwaltung.
Das war unser Chef! Und wie ich dat gehört habe, ich durfte ja noch nicht gehn, ich war ja Geheimnisträger hoch drei, aber da habe ich der Christa gesagt, du gehst. Sie hat gesagt, ick kann det nich, Werner, aber ich hab gesagt, sei nicht so doof und mach. Und sie eine Angst gehabt, daß sie einer von den Zöllnern erkennt, die sie ausgebildet hat, und da hat se sich 'n Hut gekauft, wurde auch nicht angehalten, ist zur Commerzbank

gelaufen, und vor ihr wollte einer für fünf Kinder Geld, aber dreie waren nur eingetragen. Sie dann ihr Geld genommen, nichts gekauft, nach Hause, ich frage, was haste denn mitgebracht? Gar nichts hatte sie.
Später bin ich dann auch gefahren. Ich kannte ja einiges von Westberlin aus der Zeit vor dem 13. August, aber trotzdem ist es bis heute ein ganz komisches Gefühl, als wenn du in einem ganz anderen Land bist. Ich war ja enttäuscht, wie ich den Potsdamer Platz gesehen habe, da standen doch früher Häuser, alles eingeebnet, auf beiden Seiten. Ein beklemmendes Gefühl. Weil ich immer auf der anderen Seite der Grenze gestanden habe, und nun auf einmal passiere ich sie selber. Gut, nachdem habe ich schon mal 'ne Fahrradtour nach Neukölln gemacht, wir waren auch schon mit dem Auto, haben Baumaterial gekauft. Christa hat auch gesagt, Mensch, mir ist richtig komisch, ich werd froh sein, wenn ich wieder zu Hause bin.
Um zurückzukommen auf unseren ersten Leiter, unseren Toni Ruh, der ist nicht mitgegangen mit dieser Forderung, daß wir der lange Arm der Staatssicherheit sein sollten. Hier muß Klarheit herrschen, sagte er, das war gerade nach dem 13. August. Da wurden wir immer mehr vor den Karren gespannt, und er hat sich dagegen gewehrt. Darum wurde er abgeschoben. Damals hätte man sich schon Gedanken machen müssen.

Wolfgang M, Jahrgang 1947

Oberstleutnant a.D.

Nee, nicht a.D. Ich war mal Oberstleutnant, ich kann mich ja nicht a. D. nennen, da ich ja nicht aus dem Dienst einer Armee ausgeschieden bin, die es noch gibt. Es kann sich keiner von uns als a.D. bezeichnen. Ich bin selber gegangen, freiwillig, am 30.9.1990, weil ich mir nicht vorstellen konnte und bis heute nicht vorstellen kann, daß es denen, die jetzt unter der Kutte nebeneinander stehn, besonders angenehm ist, voneinander zu wissen, daß sie mal Feinde waren. Zumal im Bundesgrenzschutz heute Leute führende Positionen haben, die eigentlich zu denen gehörten, die ich am 4. Oktober 1989 als alte Männer bezeichnet habe. Ich habe damals in der morgendlichen Dienstbesprechung, als die Aufgabe gestellt war, Stacheldraht in der Stadt auszurollen, um zu verhindern, daß die Demonstrationen die Grenze überwinden, die Frage gestellt, wann die alten Männer in der Führung endlich andere Argumente haben werden als Stacheldraht und Beton. Da habe ich vier konkrete Männer genannt. Einer von denen ist jetzt Honda-Vertreter, und der andere, der jahrelang Mitglied der Parteikontrollkommission im Grenzkommando Mitte war, ist jetzt leitender Mitarbeiter im Bundesgrenzschutzkommando Ost. Auch der Parteisekretär, der damals das Parteiverfahren gegen mich geführt hat, ist heute leitender Mitarbeiter im Bundesgrenzschutz.
Ich bin jetzt Bauleiter, nachdem ich 24 Jahre die Uniform getragen habe. Irgendwann in der Schulzeit habe ich mal einen ehemaligen Kriegskameraden meines Vaters kennengelernt, der Pionieroffizier der Wehrmacht gewesen war. Dem habe ich gesagt, daß ich Bauigenieur werden will. Das war Anfang der sechziger Jahre. Ich habe mich für Technik interessiert und fand es schon immer interessant, etwas zu errichten, etwas zu bauen. Da hat der mir gesagt, na dann geh doch zur Armee, werd Pionier. Das war eigentlich der Auslöser für mich, Pionieroffizier zu werden. Nach dem Abitur und der Facharbeiterlehre als Maschinenbauer bin ich zur Offiziersschule der Landstreitkräfte gegangen, war erst in Zittau, später in Löbau. Drei Jahre studiert und abgegangen als Leutnant. Alles mit sehr gut bestanden. Die Pioniere, das sind die Bauarbeiter in der Armee, sie wenden ihre Technik zum Bauen und zum Zerstören an. So wie wir das Bauen gelernt haben, haben wir auch das Sprengen gelernt, denn der Pionier bereitet ja den Truppen den Weg,

damit die anderen nicht so schnell hinterherkommen. Das war aber eine naive Vorstellung, denn ein Krieg heutzutage, der wäre sicherlich als Raketen-Kernwaffenkrieg geführt worden, und dann hätte dieses Dasein als Militär andere Dimensionen gehabt und wäre sicherlich entschieden kürzer gewesen.
Ich stamme aus Oschersleben, habe meine Jugendzeit in Halberstadt verlebt. Dort habe ich auch meine spätere Frau kennengelernt, Erika. Sie hat mir die Haare geschnitten, es war Liebe auf den allerersten Blick. Bei mir jedenfalls. Sie hatte ja viele Kunden und konnte sich nicht in jeden verlieben. Aber ich blieb hartnäckig. Da war ich gerade dabei, mein Abitur zu machen. Sie war sehr zierlich, ist sie heute noch, und dann die Augen. Aber sie wollte nicht, als sie hörte, daß ich Offizier werde. Sie hatte als Friseuse die Kaserne in Halberstadt, das war auch 'ne Grenzerkaserne, die hatte sie bei der Arbeit von innen kennengelernt, und die Offiziere gefielen ihr nicht, weil sie geltungsbedürftig waren und die Soldaten strammstehen ließen, um ihr zu imponieren. Mit 17 empfand sie das als unangenehm. Sie hat gedacht, ich werde dann auch so. Aber ich habe nicht lockergelassen.
Dann mußte ich weg, nach Zittau, und als ich das erste Mal nach Hause kam, 1966, habe ich sie wieder an ihrem Laden abgefangen. Wir haben uns dann geschrieben, jeden Tag. Ich hatte ihr Foto bei mir am Bett, da war sie Modell, Friseurmodell, das haben wir heute noch. Sie sieht heute noch so aus. Die Zeit bis zum Urlaub wurde mir immer sehr lang, und jeder Abschied ist ein kleines Sterben, der Satz ist mir seitdem verinnerlicht. Ich kam einmal im Monat Freitag abends und mußte am Sonntag wieder weg. Aber die drei Jahre gingen auch zuende. Im zweiten Studienjahr kam sie dann zu mir nach Zittau, wir zogen in eine kleine Wohnung, und dann wurde ich verlegt nach Löbau. So sahen wir uns im Prinzip wieder nur am Wochenende.
Ich machte mein Praktikum in Berlin und sollte dann dort an der Grenze eingesetzt werden. Damals war gerade unsere Tochter geboren, im Mai '69. Im August '69 war ich mit der Schule fertig, und dann hieß es Trennung. Meine Frau schrieb eine Eingabe an Walter Ulbricht, ich wußte gar nichts davon. Dann kamen zwei von der Stadtkommandantur Berlin, von der Standortwohnungskommission, um sich mit meiner Frau über ihre Eingabe zu unterhalten. Meine Frau hatte bei Marx gelesen, oder war es Engels, die kleinste Zelle der sozialistischen Gesellschaft ist die Familie. Ihr wurde entgegengehalten, wenn sie zu mir nach Berlin will, nimmt sie einem anderen die Wohnung weg. Sie ließ sich nichts ausreden, und so kamen wir zu unserer ersten Wohnung in Berlin, in einem Haus, das eigentlich abrißreif war.
In der Zeit der Abschlußprüfungen kamen die Kommissionen, die mit

den Leuten über den Einsatz redeten. Und da haben sie mich gefragt, ob ich nach Berlin an die Grenze gehen würde. Ich war da schon in der Partei. Ich bin eingetreten 1965 noch an der Oberschule. Gebürgt hat für mich mein damaliger Direktor und ein Professor, bei dem wir Philosophie hatten. Der Mann war antifaschistischer Widerstandskämpfer gewesen, mehrere Jahre inhaftiert. Der hat mit uns einen philosophischen Zirkel gemacht, da haben wir uns über Gott und die Welt unterhalten. Der hat mich dafür interessiert, mich mit den Weltreligionen auseinanderzusetzen. Die Aussagen, die jetzt über unser Schulwesen getroffen werden, daß es nicht humanistisch gewesen wäre, stimmen so nicht. Ich habe Latein gelernt, ich habe französisch gelernt, ich habe Philosophie gehabt, in Halberstadt an der Bertolt-Brecht-Oberschule. Ich habe überhaupt 'ne ganze Reihe von Lehrern gehabt, an die ich persönlich sehr enge Bindungen hatte, weil ich sie menschlich sehr geachtet habe, und weil ich viel von ihnen gelernt habe. Einige davon werden nicht mehr leben, viele werden in Rente sein. '66 habe ich das Abitur gemacht, der jüngste Lehrer, den ich damals hatte, war der Lateinlehrer, ein gläubiger Katholik, mit dem wir auch über seinen Glauben gesprochen haben, im Unterricht. Das ging alles, und es waren in meiner Klasse beileibe nicht alles Leute, die vorhatten, Offizier zu werden. Das ging quer durch die Schichten, von der Tochter eines Konservenfabrikanten über den Sohn eines Kommanditisten einer Brauerei bis hin zu mir, dem Sohn eines kleinen Reichsbahnangestellten. Und so wurde in der Schule auch diskutiert, da gab es durchaus keine einheitlichen Meinungen, das fand ich gut.
Ich habe schon vorher nicht zu denen gehören wollen, die die Nachfolge des dritten Reiches angetreten hatten, ich wollte zu denen gehören, die das dritte Reich geschlagen hatten, den Faschismus, ich hab ganz einfach geglaubt, daß ich, wenn ich Offizier werde, dem Sozialismus diene und damit dem Frieden. Diesem Glauben bin ich erlegen. Der Partei-Eintritt hatte für mich nichts mit Karriere zu tun, ich habe mir gesagt, du trittst ein, weil du da die Möglichkeit hast, der Überzeugung, zu der du gelangt bist, am besten Ausdruck zu geben und daran mitzutun, daß diese gerechtere Gesellschaft auch wirklich gerechter wird. Was sich leider als Trugschluß erwies.
Als ich gefragt wurde, ob ich nach Berlin an die Grenze gehn will, habe ich Ja gesagt, weil es mich reizte, nach Berlin zu gehn. Ich hatte Berlin kennengelernt 1964 während des Deutschlandtreffens. Ich habe die Gründung von DT 64 miterlebt und erlebe nun, wie DT 64 wahrscheinlich abgeschaltet wird, was ich sehr bedauern würde, weil es ein Sender ist, der Befindlichkeiten des ehemaligen DDR-Bürgers begreift und aufgreift. Dieses Berlin und dieses Deutschlandtreffen, die Ver-

anstaltungen, der Zusammenhalt, der Enthusiasmus dieses Treffens, das hat mich begeistert, ich habe Erlebnisse gehabt, an die ich gerne zurückdenke. Wir hatten Diskussionen mit ausländischen Jugendlichen, wir hatten Foren, wir haben mitten auf der Straße Westberliner und Westdeutsche gesprochen, das waren sicherlich Leute, die dem Sozialismus nahestanden und deshalb in die DDR gekommen waren, aber ich denke, da war nichts gesteuert, und ich fand mich in Übereinstimmung mit denen, die da vier Tage und vier Nächte gefeiert haben, wir haben ja kaum geschlafen. Wir waren untergebracht in einer Schule in der Oranienburger Straße, auf Liegen, in Klassenräumen, aber da waren wir nur, um unsere Verpflegungsbeutel zu holen, und mit den Beuteln sind wir dann durch die Stadt. Wir haben uns frei bewegen können in dieser halben Stadt, ich muß sagen, die Mauer habe ich überhaupt nicht wahrgenommen, alles spielte sich am Alex ab, in der Wuhlheide. An die Grenze bin ich nicht gekommen in diesen vier Tagen, es war alles so aufgeschlossen, so normal, wie gesagt, deshalb habe ich Ja gesagt, als man mir sagte, geh nach Berlin.
Daß ich da Schwierigkeiten haben würde, eine Wohnung zu bekommen, habe ich zu der Zeit nicht wissen können. Und was Grenze ist, was das heißt, welches Regime da herrscht, was ich da zu tun habe, habe ich zu dem Zeitpunkt nicht gewußt und auch nicht erfragt, weil ich der Meinung war, der Pionier bei den Grenztruppen ist genauso Pionier wie bei den Landstreitkräften, der hat seinen Zug oder seine Kompanie, bildet die aus, fährt mit denen Übungen. Aber ich habe dann ganz schnell während des Praktikums im Mai '69, unsere Tochter war gerade geboren, da war ich zum ersten Mal an der Grenze, südlich vom Teltow-Kanal, auf Höhe der Rudower Straße, gegenüber von Eternit, wurde Grenzmauer gebaut, die zweite Generation aus Nutstielen und Platten, da habe ich Mauerbauen gelernt. Der Betonpfahl wird Stiel genannt, und in die Nute werden die Platten reingehängt, daher Nutstiele. Und da stieg ich aus dem Auto aus, ging von der Straße über ein Stück geharktes Land, nach dem Stück geharkten Land fing Wiese an, und als ich etwa die Wiese erreichte, wurde hinter mir geschrien, bleib stehn, bist du denn verrückt. Der da auf der Straße stand, zeigte nach oben, da war ein Wachturm, zwei Klappfenster geöffnet, und zwei Maschinenpistolen waren auf mich gerichtet.
Ich war da noch nicht in der Uniform der Grenztruppen, sondern als Praktikant noch in Uniform der Landstreitkräfte, also mit schwarzen Schulterstücken. Daß die Straße Kolonnenweg hieß und das geharkte Land Kontrollschutzstreifen wußte ich da noch nicht, und daß die rotweiß-grünweißen Ringe um die Lampenmaste die vordere Begrenzung des Posteneinsatzes kennzeichneten, die man nur mit Geneh-

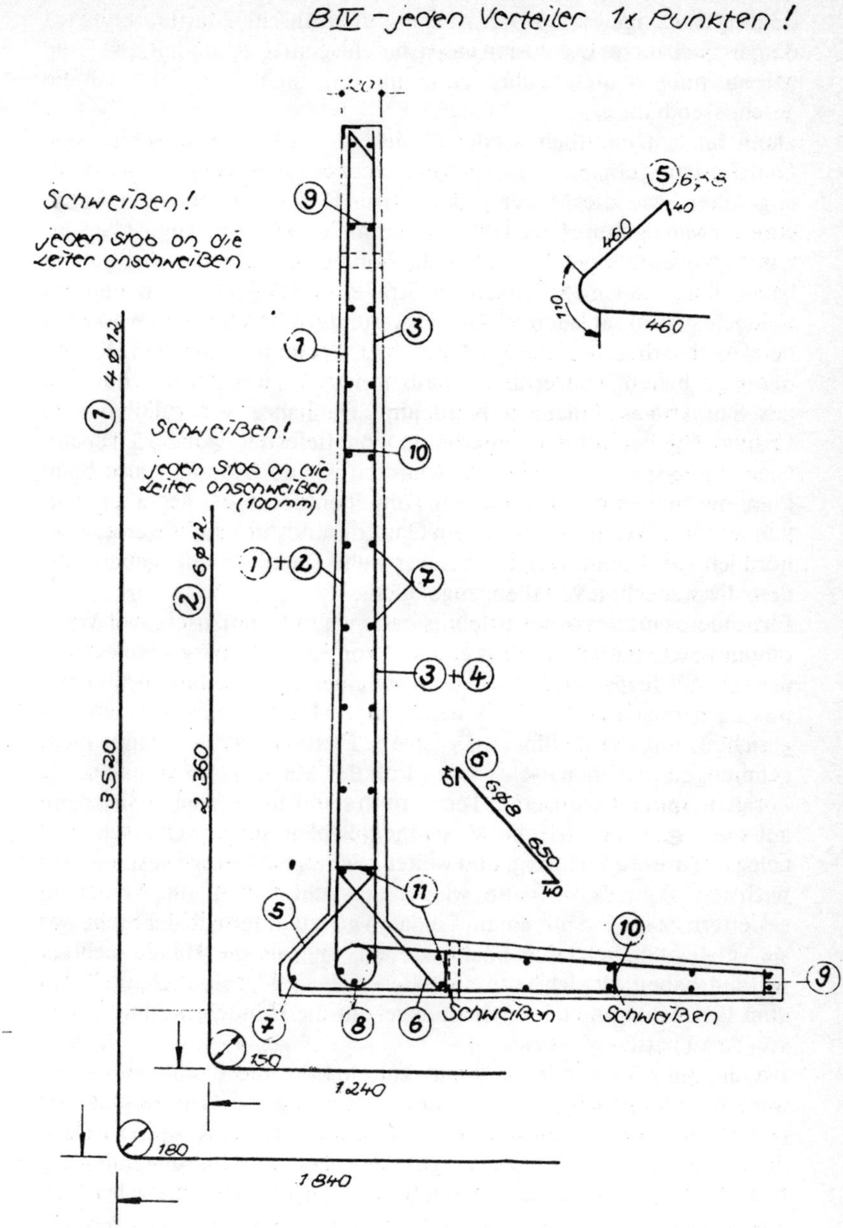

Winkelwandelement der „Grenzmauer 75“

migung des eingesetzten Grenzpostens überschreiten durfte, wußte ich damals auch nicht. Die Posten haben befehlsgemäß gehandelt, als sie die MP auf mich richteten, aber ich konnte mir nicht vorstellen, daß die geschossen hätten.
Dann bin ich natürlich wieder zurück und habe die entsprechende Genehmigung eingeholt. Danach bin ich zu dem Bautrupp und habe mir angesehen, wie die Mauer gebaut wird. Das war dann mein Beruf, einundzwanzig Jahre lang. Unter anderem. Ich war vom August 1969 bis zum 9. November 1989 damit befaßt, Pioniere auszubilden, im Straßenbau, Brückenbau, im Sprengen von Straßen und Brücken, im Bauen von Feldbefestigungsanlagen, im Gewinnen und Aufbereiten von Wasser, in der Holzbearbeitung und im Mauerbau. Postentürme bauen, Kolonnenwege bauen, Panzerhöcker einbetonieren, zum Beispiel nördlich des Sandkruges, Glienicke-Nordbahn. Da haben wir zufällig beim Planumschieben für den Unterbeton - die Befestigung habe ich später wieder mit abgerissen, aber da kommen wir noch drauf - also beim Planumschieben haben wir einen Tunnel entdeckt, der gegraben worden war von Westberlin aus in ein Gartengrundstück auf unserer Seite, nördlich von Berlin. Der Tunnel war wahrscheinlich aufgegeben worden, der war schon verfallen, zugefallen.
Ein anderes interessantes Erlebnis hatte ich mit Franzosen. Auf Westberliner Seite hatten die auch eine Art von Kolonnenweg angelegt, auf dem sie mit Jeeps und Motorrädern auf einen Hügel gefahren sind, um uns zu beobachten. Und die haben ihre Maschinenpistolen auf uns gerichtet, mit den Schlössern gespielt. Das hat uns überhaupt nicht gefallen, da die Franzosen an den Fuß der Mauer gegangen sind, die übrigens immer auf unserem Territorium stand, und sie haben sich dann auf die Mauer gesetzt, die Maschinenpistolen auf die Oberschenkel gelegt, in unsere Richtung, und weiter mit den Schlössern gespielt. Am nächsten Tag, als sie dann wieder versucht haben, die Mauer zu erklettern, stand ich mit einem Soldaten genau unterhalb der Stelle, wo sie versucht haben, sich hochzuziehen, und als die Hände sichtbar wurden, haben wir - ich hatte einen Besen, der Soldat eine Schaufel - mit dem Besenstiel und dem Schaufelstiel auf die Hände geschlagen, und von da an hatten wir Ruhe.
Als das im Oktober '89 langsam kulminierte, die Demonstrationen immer umfangreicher wurden, aber nie gegen die Grenze gerichtet waren, weil die Demonstranten ja eigentlich für eine bessere DDR demonstrierten, was meine Vorgesetzten leider nicht verstanden haben, sonst hätten sie nicht den Befehl gegeben, in der Stadt Stacheldraht auszurollen, da waren wir Tag und Nacht im Einsatz. Am 9. November wollte ich eigentlich freimachen, ich hatte vorher Nachtdienst gehabt.

Und da wir gerne Knoblauch essen, meine Frau und ich, haben wir uns Knoblauchbutter gemacht und kräftig gegessen, sind dann schlafengegangen, und um 1 Uhr 58 klingelte das Telefon. Meine Frau ist rangegangen, und ich mußte in die Dienststelle nach Karlshorst, mit meiner Knoblauchfahne. Ich bin gar nicht erst zum Diensthabenden, sondern gleich in mein Zimmer, hab mich umgezogen, Felddienstuniform und wurde eingesetzt am Brandenburger Tor. Der Platz davor war schwarz von Menschen, und um den Platz herum standen Offiziersschüler aus Suhl, ihre Offiziere waren nicht zu sehen, die Jungs waren sich im Grunde selbst überlassen, waren völlig hilflos, so daß wir vorrangig erstmal mit denen gesprochen haben. Wir wußten selber nicht, was passiert. Mir war nur eins klar, daß alles vorbei ist. Die Mauer war von Tausenden Westberlinern besetzt, die skandierten, die Mauer muß weg. Irgendwann versuchten zwei Männer mit einem Vorschlaghammer und einer Kreuzhacke, die Mauer einzureißen, da habe ich mich noch dagegengestellt und den Mann mit der Kreuzhacke am Zuschlagen gehindert. Der hat die Hacke abgesetzt und mich gefragt: was wird nun? Da habe ich ihm die Hacke weggenommen und gesagt, nun kannste wieder rübergehn, der war über die Mauer geklettert zu uns rüber und runtergesprungen und ist dann wieder zurückgegangen.
Unsere intelligenten Politoffiziere haben durch Lautsprecher gefordert, daß die Westberliner die Mauer verlassen, sonst würden die Grenztruppen der DDR die nötigen Maßnahmen einleiten, ich weiß zwar nicht, was für Maßnahmen, die haben die Situation nur verschärft. Irgendjemand kam auf die Idee, völlig unsinnigerweise einen C-Schlauch an den Hydranten anzuschließen, in Ermangelung eines Wasserwerfers, und die Leute von der Mauer runterzuspülen, aber das war nur ein zeitweiliger, äußerst zweifelhafter Erfolg. Viel vernünftiger fand ich, daß man dann mit Hellwerden versuchte, mit den Leuten zu reden, aber da war das Klopfen der Mauerspechte schon deutlich zu hören, der ganze Platz hallte wider von den Schlägen. Im Verlauf des Vormittags ist ja dann von Westberlinern neben dem Brandenburger Tor ein Mauerelement niedergerissen worden, südlich, in Richtung Potsdamer Platz. Ich fand, das Wichtigste in dieser Nacht war, daß doch viele von uns mit Verstand gehandelt haben. Es hätte ganz anders kommen können, weil wir, die Grenztruppen, die letzten waren, die überhaupt erfahren haben, was passierte. Und wir, die wir rausgeschickt worden sind, nur um da zu sein, wir wußten gar nichts, weil eine offizielle Information in der Dienststelle überhaupt nicht eingetroffen und eine Führung nicht mehr vorhanden war. Wir haben uns selbst geführt. Wenn wir uns nicht selbst geführt hätten, wäre da vermutlich Unkontrolliertes passiert. Wenn nicht ein paar das Szepter in die Hand genommen hätten und hätten die

Dinge dort reguliert, dann hätten bei den aufgeheizten Emotionen Dinge passieren können, die vermutlich keiner so wollte oder gewollt hätte.
Ich habe einem, der auf der Mauer stand und schrie, der hat mich gemeint, dich rote Sau erschießen wir auch noch, dem habe ich geantwortet, Sie wissen ja nicht einmal, was Anstand ist. Darauf war dann Ruhe. Ich habe allerdings den Eindruck gewonnen, daß auf der Mauer auch Leute standen, die andere, die Blut sehen wollten, gezügelt haben. Als ich mich hinter den mit der Kreuzhacke gestellt habe, stand ich ja unmittelbar unterhalb der Mauer, und über mir gossen Sechzehn-, Siebzehnjährige ihre Sektflaschen aus, und aus dem gleichen Kreis hat ein junges Mädchen auf die eingeredet, so daß die nicht auch noch mit den Flaschen geworfen haben, als sie leer waren. Wir sind ja beworfen worden mit leeren Flaschen. Ich war komischerweise ziemlich ruhig, das war wohl eine Art Verdrängung, gewohnte Disziplin, aber zu Hause dann, da war's irgendwie aus, da war ich so fertig, meine Frau sagt, ich habe geheult, ich weiß es nicht mehr. Dann haben sie mich am gleichen Tag ja wiedergeholt, ich hatte überhaupt nicht geschlafen, da kriegte ich die Aufgabe, mit einer Kompanie, die in Groß-Glienicke stationiert war, den Grenzübergang am Potsdamer Platz aufzumachen. Das war am 10. November abends. Da stand ich am Potsdamer Platz, und die Truppe kam erst gegen dreiviertel elf an, seit vier Stunden habe ich gewartet. Meine Vorgesetzten hatten nicht mit dem Verkehr in Richtung Grenze gerechnet, die Kolonne kam mit der Technik nicht durch.
Im Dunkeln haben wir dann begonnen, uns den Platz anzusehen. Wir hatten weder ein Projekt, das man für so eine Baumaßnahme eigentlich braucht, wir hatten keine Aufgrab-Erlaubnis oder 'ne Schachtgenehmigung oder 'ne Medienerlaubnis oder weiß der Teufel was, wir wußten, wir werden graben müssen, werden ständig auf Leitungen, Kabel, Rohre treffen, mit Baggern, Preßlufthammern, Kränen, Planierraupen. Der Potsdamer Platz war bei den zuständigen Behörden Niemandsland, irgendwie müssen die 1961 gedacht haben, sie brauchen die Planungsunterlagen nie wieder. Unter dem Platz verläuft die U-Bahn, die S-Bahn, die werden ja eingespeist mit 30 Kilovolt, und wenn man so'n Kabel erwischt, dann geht nicht bloß der Spaten kaputt, auch der Mann, der da dranhängt. Als Pionier ist man immer so halbwegs auf Himmelfahrtskommando.
Meine Frau wußte davon nichts, der habe ich sowas nie erzählt. Die war fix und fertig, hat vorm Fernseher geheult, unser Sohn hat das gar nicht verstanden. Naja, da haben wir also am 10. November abends angefangen, und am 13. früh um acht wollten die Herren Bürgermeister aus West und Ost, Momper und Krack, sich an dieser neuen Grenzübergangsstel-

le die Hände reichen. Keiner hat daran gedacht, was das für uns hieß. Da mußte in nicht ganz zweihundert Meter Tiefe über die Leipziger Straße die Hinterlandmauer abgebrochen werden, der Unterbeton aufgenommen werden, da mußten die – ich schätze mal – zweitausend Kubikmeter Boden, die da auf den Potsdamer Platz geschüttet waren, um Kontrollschutzstreifen und Rasenflächen anzulegen, abgetragen werden, da mußte die seit 28 Jahren nicht mehr genutzte Straße instandgesetzt werden, da mußte die Friedrich-Ebert-Straße, wo das Pflaster aufgenommen war, die mußte ich auskoffern mit dem Bagger und Straßenplatten reinlegen, es sollte ja PKW-Verkehr möglich sein, da mußte rechts und links ein Maschendrahtzaun gebaut werden, jedes Loch ungefähr achtzig bis neunzig Zentimeter tief, ab dreißig Zentimeter Grabtiefe braucht man eigentlich 'ne Erlaubnis.
Jedesmal, wenn mir ein Soldat meldete, er ist auf irgendwas Hartes gestoßen, habe ich mit der Taschenlampe da reingefunzelt und habe mit der Hand gefühlt, ob da irgendwas ist, was kaputtgehn kann, und dann hab ich gesagt, mach zehn Zentimeter daneben ein neues Loch, damit der Betonpfahl reinpaßte, ja, und dann haben wir am 13. früh um zwei Uhr dreißig begonnen, die eigentliche Grenzmauer einzureißen.
Auf der Westberliner Seite war ein Podest, so eine Aussichtsplattform, und da standen Tausende Leute drauf und drumrum, und die skandierten natürlich laufend, die Mauer muß weg, und ich kriegte laufend Anrufe von Vorgesetzten, daß ich die Mauer so spät wie möglich aufmachen möchte. Die hatten wahrscheinlich Angst, daß die Leute da durchströmen, jedenfalls haben wir dann um halb drei angefangen, da waren wir schon zweieinhalb Tage im Gange, 10., 11., 12. November. Und da dieser Kilometer Mauer ohne Fuge sehr fest stand, hatte ich so meine Probleme mit dem ersten Element, das wollte nicht raus. Der Kran hatte nur zwölfeinhalb Tonnen, und die zwölfeinhalb Tonnen haben nicht ausgereicht, um das mit dem Preßlufthammer freigeschlagene Element aus dem Mauerverband herauszulösen. Wir haben den langen Mauerschenkel nach unserer Seite abgebrochen, der war nur noch durch die Bewehrungsstäbe gehalten, und dann habe ich mit dem Trennschneider die Stäbe durchgeschnitten, weil ich ja gewärtig sein mußte, daß in dem Moment, wo ich den letzten Stahl durchschneide, das Element, das schiefhing und unter Spannung war, in meine Richtung schlägt. Sowas habe ich eigentlich immer selber gemacht, statt andere zu gefährden, habe ich lieber selber den Kopp hingehalten. Ich habe auch eine Beule davongetragen, das Element kam schneller, als ich meinen Kopf wegziehen konnte. Aber ich hatte die Feldmütze vorsorglich in die Stirn gezogen.
Naja, und dann habe ich mir noch'n Radlader kommen lassen, damit die

Herren Momper und Krack nicht über den zerbrochenen Unterbeton laufen mußten. Bei den letzten Handhabungen haben die Westberliner Polizisten und wir Hand in Hand gearbeitet und die Betonbrocken in die Schaufel von dem Radlader geworfen, mit bloßen Händen, weil die Westberliner so sehr in unsere Richtung drängten, daß es nicht mehr zu verantworten war, die Maschine arbeiten zu lassen, die Gefährdung der Leute wäre zu groß gewesen.
Später habe ich dann in einer westdeutschen Zeitung ein Foto gesehn, wo wir dabei sind, mit dem Radlader den Unterbeton aus der Mauerflucht aufzunehmen, aber da wurde zu Werbezwecken eine amerikanische Baumaschine anstelle des polnischen Laders SL 34, den wir hatten, ein Caterpillar gezeigt. Als ich das Bild gesehen habe, habe ich mir gesagt, das kennste doch irgendwoher, aber irgendwas stimmt an dem Bild nicht. Auf dem Foto bin ich mit Uniform und Dreitagebart, mit einem Mal sehe ich, das ist doch nicht das Ladegerät, das du da hattest, das war ein ganz anderes. Und wenn man sich das Bild genau ansieht, erkennt man an der Schnittkante von der Schaufel und an den Umrissen des Soldaten, der vor dem Ladegerät steht, wie da retuschiert wurde. Ganz geschickt gemacht. Damit suggerieren sie dem Betrachter, daß ihre Maschinen so gut und unentbehrlich sind, daß sie selbst beim Mauerabriß eingesetzt waren, denke ich mir. In der gleichen Zeitung wirbt eine andere Firma mit einer Vakuumeinrichtung, mit der angeblich die Mauer abgerissen worden ist, was nicht stimmt. Der Versuch ist unternommen worden, aber der hat leider keinen Erfolg gezeitigt.
Die Mauer wurde ja dann zum Handelsobjekt und zum Mittel politischer Selbstdarstellung. Bei der in der Presse veröffentlichten Öffnung der Grenze an der Bernauer Straße, an der de Maziere teilgenommen hat, wurde wieder ein Bagger westlichen Fabrikats gezeigt, wo lediglich ein Mauerelement zu sehen ist, das vorher von uns mit Kompressoren aus dem Verbund herausgebrochen wurde. Jetzt wollen es alle gewesen sein. Ja, so sah das Ende meines Pionierdaseins aus.
Wenn mir das damals einer in Moskau gesagt hätte ... Ich war ja noch vier Jahre in Moskau an der Militärakademie gewesen. 1976 bin ich aus Berlin weg, ein Jahr später kam meine Familie nach. Inzwischen war unser Sohn geboren, und weil unsere Wohnung in dem Abrißhaus so herrlich war, hatten wir uns entschlossen, in die Arbeiter-Wohnungsbau-Genossenschaft einzutreten, haben 4600 Mark eingezahlt, und als es dann soweit war, daß wir einziehen sollten, wurde mir in der Dienststelle mitgeteilt, daß ich die Wohnung nicht kriegen kann, da wären verdientere Genossen, die die Wohnung bekommen müßten, für die wir bezahlt hatten und Eigenleistungen erbracht hatten. Ich müßte in eine Nachzugswohnung ziehn, also in die, die dann frei würde,

wenn der Betreffende in meine AWG-Wohnung ziehen würde. Ich bekäme die Genossenschaftsanteile zurück, aber meine Arbeitsleistungen konnten mir natürlich nicht ersetzt werden. Das hat mich dermaßen aufgebracht, daß ich meinem Regimentskommandeur gesagt habe, daß ich mir das nicht bieten lasse, daß ich mich, wenn nötig, bis an den Kanzler der Bundesrepublik wenden werde. Wörtlich habe ich das gesagt. 1974, irgendwann im Frühjahr. Es gab noch einen, der sich das nicht gefallen ließ, das war der Zahnarzt, der meine Zähne in Pflege hatte, alle anderen haben sich beeindrucken lassen, sind auf den Deal eingegangen. Jedenfalls habe ich an die AWG geschrieben, die teilte uns dann mit, daß sie auf die Vergabe der Wohnungen keinen Einfluß habe, das macht die Standortwohnungskommission Berlin. Ja, da habe ich dann nochmal mit denen ein Gespräch gehabt, wo ich darauf bestanden habe, die Wohnung zu bekommen, und da waren die so ungeschickt, den Namen des Obersten zu nennen, der unsere Wohnung in der Ho-Chi-Minh-Straße bekommen sollte. Den Namen habe ich in einer Eingabe an Honecker genannt, und vermutlich war das der Grund, weshalb diese verdienteren Genossen dann einen Rückzieher machen mußten und wir unsere Wohnung bekamen.
Meine Frau hatte sich damals in der Medizinischen Fachschule qualifiziert und arbeitete in der Kinderkrippe. Nun hatten wir uns unsere Wohnung erkämpft, und die stand dann von 1977-1980 leer, weil wir in Moskau waren. Da habe ich nochmal vier Jahre Pionier studiert. Bevor meine Familie kam, habe ich im Internat gewohnt, zehn Minuten vom Roten Platz entfernt, und dann hatten wir zusammen eine Wohnung, die bestand aus einem Zimmer, Küche, Bad und Toilette. In der Küche hatten wir ein Doppelbett aufgestellt und in dem Zimmer eine Liege. Dann kriegten wir durch Zufall, weil zum höheren akademischen Kurs, so hieß das, ein Offizier nicht anreiste, dessen Zweiraumwohnung. Ja, da ist unser Junge dann in den Kindergarten gegangen und hat innerhalb von einem Vierteljahr fließend russisch gesprochen, unsere Tochter war in der dritten Klasse, ging in die Botschaftsschule und hat dort auch Russisch gelernt. Meine Frau war ein dreiviertel Jahr zu Hause, bis der Sohn drei Jahre war, und dann ging sie in die Handelsvertretung der DDR als Sachbearbeiterin. Da hatten wir dann ein bißchen mehr Geld und konnten uns einen Trabant leisten, einen Genex-Trabant für Rubel.
Als ich nach Moskau kam, mit 27 Jahren, war ich Hauptmann. Die sowjetischen Ausbilder und Dozenten waren im Vergleich zu den Ausbildern, die ich bis dato kannte, von denen ich auch schon eine hohe Meinung hatte, beinahe Gelehrte, alles Leute, die ihr Fach beherrscht haben. Die haben nicht nur gelehrt, sondern haben, weil der Akademie

umfangreiche Laboratorien angegliedert sind, auch geforscht und gemeinsam mit der Rüstungsindustrie entwickelt. An dieser Militärakademie hat Mendelejew gelehrt, es ist überhaupt die älteste Militärakademie, die es in den Staaten des Warschauer Vertrages gegeben hat, die ist 1812 in St. Petersburg als Pionierschule gegründet worden, wurde dann 1922 nach Moskau verlegt. Absolventen dieser Akademie haben die Moskauer Metro projektiert, das komplizierte Fundament der Lomonossow-Universität in den Leninbergen, die Startplattform in Baikonur und ähnliches mehr, und ich bilde mir auch ein, dort eine sehr gute, sehr fundierte Ausbildung erhalten zu haben, wobei der Abschluß, den ich da gemacht habe, auch der Abschluß, den ich in Löbau gemacht habe, durch die Kultusminister der Bundesländer bis heute nicht anerkannt ist. Die militärischen Abschlüsse in der ehemaligen DDR sind das bis heute alle nicht. Sie sind bestenfalls das Papier wert, auf dem sie stehn.

Auf meinem Diplom steht: Offizier mit höherer akademischer Ausbildung. Dafür hat mir der Herr Minister Hoffmann ein Papier gegeben, das mich berechtigt, die Bezeichnung Diplom-Militärwissenschaftler zu führen, weil zu der Zeit, in der ich dort studiert habe, die Akademie umprofiliert worden ist, begründet damit, daß die Offiziersschulen der Sowjetarmee Diplomausbildung durchgeführt haben und der Offizier dort schon mit Diplom hinkam, ich hatte aber nur einen Fachschulingenieur. So lebe ich jetzt mit einem Diplom als Militärwissenschaftler und habe praktisch keinen anerkannten akademischen Abschluß. Nach sieben Jahren Studium. Ich bin 1980 als Major aus Moskau zurückgekommen, etwas eher, als vorgesehen, weil in dem Jahr die Olympiade in Moskau stattfand und Quartiere gebraucht wurden. Wir wieder zurück in die AWG-Wohnung, für eineinhalb Jahre. Ich war eingesetzt als Arbeitsgruppenleiter in der Abteilung Pionierwesen im Kommando der Grenztruppen, da habe ich aber nach einem knappen Vierteljahr begriffen, daß ich da nicht reinpasse, weil mir reine Schreibtischarbeit und bürokratische Beschäftigung nicht liegt. Ich brauche Auslauf, ich brauche frische Luft und körperliche Betätigung. So wurde ich versetzt nach Stendal. Wir sind wieder umgezogen. Erika hat wieder eine neue Arbeit angefangen, unsere Tochter kam wieder in eine neue Schule, hatte wieder andere Lehrer, für das Mädel war's schlimm. Die hat in zehn Schuljahren in fünf Schulen gelernt.

Die Jahre in Moskau stellten für uns einen Einschnitt dar, weil wir eine Art des Zusammenlebens kennengelernt haben, die uns gefallen hat, wir haben russische Menschen kennengelernt, die uns sehr sympathisch waren bei allen Unterschieden, die es gab, die damals das, was dann später Perestroika und Glasnost genannt wurde, schon gelebt haben.

Errichtung der „Grenzmauer 75“ im April 1976 am Brandenburger Tor

„Frisiertes“ Bild der Fa. Zeppelin (Deutsches Baublatt Nr. 154/155)

Die Dozenten haben sehr offen mit uns geredet, und diese Art eines neuen Denkens gefiel mir auch an der sowjetischen Zeitschrift „Neue Zeit", die ich damals las. Die hat die politische Situation in der Welt nicht so einseitig gesehen, sondern wirklich Hintergrundinformationen geliefert und war dann natürlich für mich nach der Rückkehr in die DDR die einzige Quelle über das, was Gorbatschow gemacht, gedacht und geschrieben hat. Denn das fand ja in der DDR nicht statt. Diese Zeitschrift habe ich als Schulungsgruppenleiter im Grenzkommando Mitte eingesetzt, und das war unseren leitenden Genossen in der Politabteilung nicht recht, war ihnen überhaupt nicht recht, weil sie der Meinung waren, Perestroika und Glasnost dürften bei uns nicht stattfinden. So hatten wir nach den Erlebnissen in Moskau unsere Probleme, mit den Verhältnissen klarzukommen und mit den Menschen. Eine Art Wärmeverlust.
Der Junge war viel krank, Bronchitis, ihm ist das Kontinentalklima in Moskau gut bekommen, wogegen er in Stendal nach einem Vierteljahr krank war. Er hat sich eine Allergie zugezogen, die Ärzte waren nicht bereit, zu akzeptieren, daß die Allergie mit dem Mikroklima dort in der Gegend zusammenhing. Er wurde mit Medikamenten vollgepumpt, so stark, daß er zusammenbrach, völlig apathisch wurde. Er war sieben Jahre, Erika mußte ihn an der Hand zur Schule führen, weil er nicht in der Lage war, die Augen zu öffnen, so stark tränten sie. Da habe ich versucht, auf normalem Wege zu erreichen, daß ich von Stendal wieder wegversetzt werde, weil wir uns gesagt haben, der war in Berlin gesund, der war in Moskau gesund, es kann nur die Gegend sein. Ich habe das erste Mal in meinem Leben von meinem Kommandeur etwas gefordert, und als das nichts genutzt hat, haben wir wieder an den Generalsekretär des Zentralkomitees der SED und Vorsitzenden des Staatsrates der DDR geschrieben, und es hat uns wieder geholfen. Ich wurde zurückversetzt nach Berlin, und der Junge war nach einem halben Jahr soweit wiederhergestellt, daß die Medikamentengaben verringert werden konnten. Nach zwei Jahren wurden die Medikamente völlig abgesetzt. Und heute, er ist in der 11. Klasse im Gymnasium, reagiert er irgendwann mal im August mit tränenden Augen und einer dicken Nase. Das einmal ausgelöste Allergen bleibt, aber er hat sich kräftig entwickelt, ist über einen Kopf größer als ich. Das Schlimme ist, ich weiß nicht, was er von seinem Vater hält. Es geht nach der Wende irgendwie für ihn weiter, aber er ist nicht dazu zu bewegen, Stellung zu beziehn. Wenn ich versuche, mit ihm zu sprechen, tut er das mit ein paar lapidaren Bemerkungen ab. Es ist ja auch schwer für ihn, das alles zu begreifen, was ich gemacht und durchgemacht habe. Es ist ja für mich selber schwierig.
Wenn ich nur an den Oktober '89 denke. Ich habe ja schon von dieser

Dienstberatung gesprochen, in der die Aufgabe gestellt wurde, aus vorhandenem Stacheldraht Rollen anzufertigen und die vorzubereiten für den Einsatz freundwärts der Hinterlandmauer, also auf unserer Seite, mitten in der Stadt. Auf Fußwegen, auf Straßen! In Vorbereitung der Feierlichkeiten zum 40. Jahrestag der DDR, um zu verhindern, daß die Demonstrationen über die Mauer gehn. Irgendjemand hatte da die panische Angst auslösende Vorstellung, daß die Demonstranten geschlossen über die Mauer brechen könnten, das wollten sie mit Stacheldrahtrollen verhindern.
Ich hatte vorher schon mehrfach in Diskussionen und bei Dienstberatungen gesagt, daß ich überzeugt bin, die Demonstrationen richten sich in gar keinem Fall gegen die Grenze. Deshalb löste das absolutes Unverständnis bei mir aus. Ich wollte auf keinen Fall, daß sich '53 oder '56 oder Peking, Platz des himmlischen Friedens, in Berlin wiederholen, obwohl ich damals von dem, was sich in China ereignete, ein falsches Bild hatte, nämlich das, was uns vermittelt wurde. Aber ich weiß heute, daß das Gefühl, das verhindern zu wollen, richtig war. Deshalb habe ich impulsiv gesagt, wann wollen denn diese alten Männer endlich andere Argumente haben als Stacheldraht und Beton. Darauf folgte die Frage meines Vorgesetzten, wen ich meinte. Ich habe vier Leute genannt. Zwei davon waren sogar jünger als ich, aber sie dachten wie die alten Männer im Politbüro. Mein Vorgesetzter ist zum Parteisekretär gerannt, hat mich also denunziert, und dann wurden Aussprachen mit mir geführt. Mir wurde mitgeteilt, daß ich ab sofort nicht mehr an die Grenze darf, weil ich nicht mehr zuverlässig bin, daß man ein Parteiverfahren gegen mich anstrengen würde. Naja, dann wollten sie mich aus der Partei ausschließen, einer derer, die ich genannt hatte, entfachte eine regelrechte Pogromstimmung gegen mich. Sie haben mir eine Beurteilung gegeben, dafür hätte man mich, wenn es noch länger gegangen wäre, ordentlich Maß genommen.
Aber da kam dann der 9. November dazwischen, ich durfte wieder an die Grenze, und am 10.11. war eine Parteiversammlung. Da wurde mir bescheinigt, daß ich mich ordentlich benommen hätte, und obwohl keiner den Antrag gestellt hatte, wurde die strenge Rüge, die man mir gegeben hatte, gelöscht. Da bin ich regelrecht ausgebrochen, weil ich mir nach diesen Erlebnissen am Brandenburger Tor die Frage gestellt habe, wofür ich die vierundzwanzig Jahre mein Kreuz hingehalten habe, nicht miterlebt, wie die Kinder groß geworden sind, die Familie laufend alleingelassen, naja, egal, jedenfalls war das für mich ein Anlaß, das Parteibuch abzugeben.
Dann habe ich die Mauer am Potsdamer Platz gänzlich abgebrochen, immer noch als Oberstleutnant, aber schon ohne Orden und Ehrenzei-

chen, mit hochgekrempelten Ärmeln und ohne Mütze, und da wir kaum Soldaten hatten, haben wir alles selber gemacht, haben in Vorbereitung des Konzertes von Pink Floyd in den letzten Junitagen 1990 das Gelände geräumt. Am 26. Juni früh um halb vier habe ich den Potsdamer Platz das erste Mal völlig ohne Mauern gesehen, da war ich richtig erschrokken, wie groß der Platz war, wie scheußlich kahl. Am 12. April 1976, bevor ich zur Akademie nach Moskau gegangen war, hatte ich als Regimentspionier des Regiments in Rummelsburg als erster diesen Typ Grenzmauer gebaut, die ersten 4,1 Kilometer südlich vom Brandenburger Tor, die nannte sich Grenzmauer 75. Dreizehn Jahre später habe ich meine eigene Arbeit wieder zunichte gemacht. War ganz schön schwer. War ja Qualitätsarbeit.

Naja, und nachdem Pink Floyd und die DDR sich verabschiedet hatten, wollte sich der Pfarrer Eppelmann als Minister für Verteidigung nochmal verewigen. Ich wurde beauftragt, an der Brunnenstraße, Ecke Bernauer Straße ein Stück Grenzsäule, auf der eine zerbrochene Maschinenpistole Kalaschnikow befestigt war, als Denkmal für die an der Bernauer Straße Erschossenen in den Fußweg einzubetonieren. Der Herr Eppelmann kam persönlich, redete eine Rede, und nachdem er wieder weg war, haben wir das Stück Grenzsäule wieder rausgenommen, weil die Herren von diesem Ministerium sich nicht vorstellen konnten, daß man, wenn man tiefer als 30 Zentimeter graben will, behördliche Genehmigungen braucht. Und da die innerhalb von wenigen Stunden nicht zu beschaffen sind, haben wir so getan, als ob. Im Fernsehen sah es aber gut aus, unwahrscheinlich gewaltig. Am 30. September 1990 war die Eppelmann-Ära zuende, und in der Woche davor sollte die ganze Aktion nochmal wiederholt werden, da sollte dann endgültig in den Fußweg, auf der ostwärtigen Seite, richtig schön in Kunstharz eingegossen und im Fußweg verankert, bündig mit dem Verbundpflaster abschließend, diese Grenzsäule mit der zerbrochenen MP und dem Datum 30.9.1990 eingelassen werden. Wahrscheinlich hatte der Herr Eppelmann keine Befehlsgewalt mehr, denn das Pionierbauregiment, das die Säule liefern sollte, erschien nicht mehr. Wir hatten die Grube vorbereitet, haben bis nachmittags gewartet, haben es dann aufgegeben und sind nach Hause gefahren. An der Stelle, wo es passieren sollte, ist immer noch eine kleine Senke im Pflaster.

14 Tage war ich arbeitslos, ab 1. Oktober, habe dann aber bei einer Recyclingfirma gearbeitet, ab 15. Oktober, und ich habe mich darauf vorbereitet, eine Anlage zu übernehmen, um die Mauer zu recyclen. Die Idee hatte ich irgendwann Anfang '90, dazu hatte ich ein Gespräch mit Limex und dem Tiefbaukombinat, da wußte ich noch nichts von der Koko. Limex hat ja das Geschäft mit den Mauerteilen gemacht, und das

damalige Tiefbaukombinat hatte auf dem Potsdamer Platz eine kleine Anlage, wo sie die Beton- und Mauerabbrüche aus der Tiefenentrümmerung Bauvorhaben Grotewohlstraße verarbeitet haben. Recycling als solches gab es ja in der DDR nicht, das hieß jedenfalls nicht so. Die Anlagen für diese riesigen Mengen standen nicht zur Verfügung. Die Firma, bei der ich dann anfing, hatte solche Anlagen, und mittlerweile liegt die Mauer, die in Berlin gestanden hat, unter der Autobahn, nördlicher Ring, unter Berliner Straßen, das Material wird eingesetzt wie Schotter und als Füllstoff im Bodenaustausch. Jetzt bin ich also Bauleiter und Bundesbürger.
Wenn es stimmt, daß es bereits Ende der siebziger, Anfang der achtziger Jahre in der DDR wirtschaftlich dem Ende entgegenging, dann sind die restlichen zehn Jahre der DDR nur noch als Verbrechen an denen, die für diese DDR ihr Kreuz hingehalten haben, zu werten, weil dann nämlich die, die große Reden geschwungen haben, wissen mußten, was sie tun. Dem ist zuzuschreiben, daß sich viele heute unfähig fühlen, in diesem Deutschland zu leben, daß sie resignieren, weil sie zu lange entwöhnt waren, sich ihrer Haut zu wehren, sich auseinanderzusetzen, weil sie in der Vorstellung einer Gemeinschaft gelebt haben, die es offensichtlich so nicht gab.
Das gibt's ja nun heute überhaupt nicht mehr. Gemeinschaft. Aber ich habe unter denen, mit denen ich zu tun habe, Menschen kennengelernt, mit denen man reden kann, ganz normal, die akzeptieren, was ich tue, und die sogar tolerieren, was ich war. Weil ich nicht zu denen gehöre, die vergessen haben, daß sie vierzig Jahre in der DDR gelebt haben. Ich glaube nicht, daß ich Veranlassung habe, das, was ich getan habe, zu verheimlichen oder zu verdrängen, wie es viele tun. Und ich habe die Erfahrung gemacht, daß die Bürger der alten Bundesländer diejenigen, die zu ihrer Vergangenheit stehn, mehr respektieren als die, die versuchen, mit dem Arsch an die Wand zu kommen und sich als Opfer auszugeben.